Teoría y práctica del masaje terapéutico Repaso para el examen, quinta edición

Mark F. Beck

CENGAGE Learning™

Australia • Brasil • Japón • Corea • México • Singapur • España • Reino Unido • Estados Unidos

CENGAGE Learning™

Teoría y práctica del masaje terapéutico Repaso para el examen

Edición: 5

Autor: Mark F. Beck

Presidente de Milady: Dawn Gerrain

Editora: Erin O'Connor

Editora de Adquisiciones: Martine Edwards

Gerente Ejecutivo de Producto: Philip Mandl

Asistente Editorial: Maria Herbert

Directora de Relaciones con la Industria de la Belleza: Sandra Bruce

Gerente Ejecutivo de Marketing: Gerard McAvey

Directora de Producción: Wendy Troeger

Gerente Ejecutivo de Proyecto de Contenido: Angela Sheehan

Directora Ejecutiva de Arte: Joy Kocsis

Número de control de la Biblioteca del Congreso: 2009938144

ISBN-13: 978-1-111-13144-9
ISBN-10: 1-111-13144-9

Milady
5 Maxwell Drive
Clifton Park, NY 12065-2919
EE. UU.

Los productos Cengage Learning son representados por Nelson Education, Ltd. en Canadá.

Si desea encontrar soluciones de aprendizaje para toda la vida, visite **milady.cengage.com**

Visite nuestro sitio corporativo en **cengage.com.**

Impreso en los Estados Unidos de América
2 3 4 5 6 7 19 18 17 16 15

Teoría y práctica del masaje terapéutico
Repaso para el examen

Prólogo

Teoría y práctica del masaje terapéutico, quinta edición - Repaso para el examen incluye los tipos de preguntas sobre terapia de masaje utilizados con más frecuencia por los organismos encargados de las evaluaciones, que se realizan con el auspicio de la *Federation of State Massage Therapy Boards: Massage & Bodywork Licensing Examination* (MBLEx) y la *National Certification Board for Therapeutic Massage & Bodywork:* la *National Certification Examination* (NCE).

Este libro de repaso para el examen ha sido diseñado para ayudar a los estudiantes a prepararse para el examen y su futura carrera profesional. Como la mayoría de los exámenes de certificación y licencia se basan en preguntas de opción múltiple, este libro se centra exclusivamente en preguntas de este tipo.

Las preguntas de los diferentes exámenes no serán exactamente iguales a éstas y es posible que no aborden toda la información que se cubre en este repaso. Pero los estudiantes que estudien y practiquen su trabajo de manera diligente, tal como se les enseña en la clase, y que utilicen el libro para repasar y prepararse para el examen, seguramente recibirán calificaciones más elevadas, tanto en el aula como en los exámenes de licencia.

Al final del libro se incluyen las respuestas a las preguntas.

Parte 1: Historia y evolución del masaje terapéutico

CAPÍTULO 1: DESCRIPCIÓN HISTÓRICA DEL MASAJE

OPCIÓN MÚLTIPLE

1. En el pasado, un masajista de sexo femenino recibía el nombre de:
   a. masajeadora
   b. masseur
   c. masseuse
   d. masso ____

2. El término ____________ en sánscrito significa presionar con suavidad.
   a. *makeh*
   b. *massa*
   c. *mass'h*
   d. *masso* ____

3. En los Estados Unidos, el uso de la palabra *masaje* fue popularizado por:
   a. Heródico
   b. Douglas Graham
   c. Esculapio
   d. Johann Georg Mezger ____

4. El masaje ha sido importante en las tradiciones médicas de Occidente durante al menos ____________ años.
   a. 5,000
   b. 3,000
   c. 2,000
   d. 1,000 ____

5. Un término moderno para denominar el masaje chino es:
   a. anmo
   b. tschanpua
   c. tsubo
   d. tui-na ____

6. El término japonés para punto de energía o punto de presión es:
   a. ayurveda
   b. tsai
   c. tschanpua
   d. tsubo ____

7. ____________ es una técnica de masaje japonesa de presión con los dedos.
   a. Shiatsu
   b. Tapotement
   c. Tsubo
   d. Tui-na ____

8. ____________ es una técnica hindú de masaje en el baño.
   a. Anmo
   b. Shiatsu
   c. Tschanpua
   d. Tsubo ____

9. En sus escritos, Hipócrates empleó la palabra __________, que significa el arte de frotar una parte del cuerpo hacia arriba.
   a. anatripsis c. hipocrático
   b. ayurveda d. tschanpua ____

10. Se atribuye a William Harvey, médico inglés, el descubrir el/la __________ en 1628.
   a. anatripsis c. linfoedema
   b. circulación de la sangre d. masaje ____

11. __________, como médico de los gladiadores, obtuvo grandes conocimientos de anatomía.
   a. Cicerón c. Hipócrates
   b. Galeno d. Rhazes ____

12. El médico y filósofo persa __________ fue el autor del *Canon de Medicina*, considerado el libro más importante de la historia médica.
   a. Avicena c. Heródico
   b. Galeno d. Rhazes ____

13. __________ clasificó los movimientos del masaje como fricción suave, media y vigorosa y empleó la flexión, la extensión y la cincunducción de las articulaciones.
   a. Avicena c. William Harvey
   b. Galeno d. Ambroise Paré ____

14. En 1569, __________ publicó *De Arte Gymnastica* acerca de la gimnasia y los beneficios del masaje cuando se integra con otros tratamientos para el cuerpo y la mente.
   a. Galeno c. Mercurialis
   b. William Harvey d. Ambroise Paré ____

15. A principios del siglo XIX, el inglés __________ era cirujano y profesional de *chirurgy*, curación mediante las manos.
   a. Douglas Graham c. William Harvey
   b. John Grosvenor d. Mathias Roth ____

16. __________ gimnástica, o gimnasia aplicada al tratamiento de la enfermedad, fue desarrollada por Per Henrik Ling.
   a. La gimnasia duplicada c. La gimnasia médica
   b. La gimnasia sueca d. El tapotement ____

17. En el sistema Ling, los __________ movimientos son realizados por el paciente y se los puede denominar ejercicio.
   a. movimientos activos c. movimientos pasivos
   b. movimientos duplicados d. movimientos terapéuticos ____

18. Mathias Roth, médico inglés, publicó el primer libro en inglés sobre los movimientos suecos en:
    a. 1813 c. 1858
    b. 1851 d. 1861 ____

19. La terminología del masaje moderno se atribuye al Dr.:
    a. Johann Mezger c. Charles Fayette Taylor
    b. Mathias Roth d. Emil Vodder ____

20. En el masaje, el/la ____________ levanta, aprieta y presiona los tejidos.
    a. *effleurage* c. *petrissage*
    b. fricción d. *tapotement* ____

21. ____________ es una sucesión de golpes que se aplican deslizando la mano sobre un área extensa del cuerpo.
    a. *Effleurage* c. *Petrissage*
    b. Fricción d. *Tapotement* ____

22. La publicación de Albert J. Hoffa, ____________, uno de los libros más básicos del campo del masaje, contiene muchas de las técnicas que se utilizan en el masaje sueco.
    a. *Art of Massage (El arte del masaje)* c. *Healing Massage Techniques (Técnicas del masaje sanador)*
    b. *Good Health (Buena salud)* d. *Technik Der Massage* ____

23. La invención de ____________ tuvo un efecto perjudicial sobre la masoterapia manual.
    a. las computadoras c. el sistema linfático
    b. la electricidad d. los spa ____

24. Emil Vodder desarrolló ____________, un método de masaje suave y rítmico que trata de manera eficaz el linfoedema crónico.
    a. el masaje del tejido conectivo c. el sistema linfático
    b. el masaje Esalen d. el drenaje linfático manual ____

25. ¿Cuál de los siguientes tipos de masajes se cree que afecta los reflejos vasculares y viscerales relacionados con varias patologías y discapacidades?
    a. Masaje del tejido conectivo c. Masaje Esalen
    b. Masaje con fricción transversal profunda d. Drenaje linfático manual ____

26. Se atribuye a ____________, ortopedista inglés/inglesa, el haber popularizado el masaje con fricción transversal profunda.
    a. James H. Cyriax c. María Ebner
    b. Elizabeth Dicke d. Emil Vodder ____

27. Desde aproximadamente __________, se vive un renacimiento del masaje que continúa hoy en día en los Estados Unidos.
  a. 1950 c. 1970
  b. 1960 d. 1980 ___

28. El Instituto Esalen en Big Sur, California, se fundó en 1962 y se convirtió en un centro popular ¿de cuál de lo siguiente?
  a. movimiento de potencial humano c. método Trager
  b. movimiento de salud preventiva d. modelo de bienestar ___

29. ¿Cuál de las siguientes es la asociación nacional de masaje profesional más antigua de Estados Unidos?
  a. ABMP c. AOBTA
  b. AMTA d. IMA ___

30. El *National Certification Exam*, establecido en 1990, exigía que los postulantes tuvieran por lo menos __________ horas de capacitación en una escuela reconocida a nivel estatal.
  a. 100 c. 800
  b. 500 d. 1,000 ___

31. __________ está diseñado para mejorar el rendimiento de un atleta.
  a. El masaje de tejido profundo c. El masaje deportivo
  b. El masaje en silla d. El masaje en equipo ___

32. __________ fue una gran innovación que ayudó a desmitificar el masaje y a hacerlo más accesible a un público más amplio.
  a. El masaje en silla c. El masaje deportivo
  b. El masaje en el suelo d. El masaje en camilla ___

33. Para 2009, __________ estados y el Distrito de Columbia contaban con otorgamiento de licencias estatales para realizar masajes.
  a. 10 c. 30
  b. 20 d. 40 ___

34. En 2005, la __________ se estableció cuando se reunieron los miembros de veintidós agencias de otorgamiento de licencias estatales de masoterapia.
  a. APTA c. NCBTMB
  b. FSMTB d. NCE ___

35. En 1992, Tiffany M. Fields fundó el __________ en colaboración con la Facultad de Medicina de la Universidad de Miami.
   a. *Center for Complementary and Alternative Medicine*
   b. *Massage Therapy Foundation*
   c. *National Institutes of Health*
   d. *Touch Research Institute* ____

36. En 1998, el NIH estableció el:
   a. AMTA
   b. CAM
   c. NCCAM
   d. TRI ____

37. ¿Qué sistema de masaje deriva de la práctica médica china de la acupuntura?
   a. acupresión
   b. shiatsu
   c. masaje sueco
   d. tsubo ____

38. El shiatsu, un método de presión con los dedos, se basa en el concepto oriental de que el cuerpo cuenta con una serie de puntos de energía denominados:
   a. chi
   b. ki
   c. tui-na
   d. tsubo ____

39. ¿De qué sistema de masajes se dice que mejora el metabolismo del cuerpo y alivia una gran cantidad de trastornos somáticos?
   a. acupresión
   b. alemán
   c. japonés
   d. sueco ____

40. __________ es un método desarrollado por Randolph Stone que emplea las manipulaciones de masajes derivadas de prácticas tanto orientales como occidentales.
   a. la terapia de la polaridad
   b. el Rolfing
   c. el masaje deportivo
   d. el método Trager ____

41. __________ alinea los segmentos principales del cuerpo mediante la manipulación del tejido conectivo.
   a. la terapia de la polaridad
   b. la reflexología
   c. el Rolfing
   d. el método Trager ____

42. __________ estimula puntos específicos de la superficie del cuerpo, que a su vez estimulan otras áreas u órganos del cuerpo.
   a. La terapia craneosacra
   b. La reflexología
   c. El toque para la salud o saludable
   d. El método Trager ____

43. ___________ es una forma simplificada de kinesiología aplicada que involucra técnicas de origen oriental y occidental.
   a. La técnica neuromuscular
   b. La reflexología
   c. El Rolfing
   d. El toque para la salud ____

44. Alrededor de 1940, los osteópatas Stanley Lief y Boris Chaitow originaron: ___________
   a. Las técnicas neuromusculares
   b. La reflexología
   c. El Rolfing
   d. El método Trager ____

45. ¿Se atribuye a John Upledger el desarrollo de cuál de los siguientes?
   a. terapia craneosacra
   b. kinesiología
   c. técnicas neuromusculares
   d. reflexología ____

CAPÍTULO 2: REQUISITOS PARA LA PRÁCTICA DEL MASAJE TERAPÉUTICO

OPCIÓN MÚLTIPLE

1. El masajista tiene una responsabilidad ética ante el público y ante:
   a. otros establecimientos
   b. los clientes
   c. compañías aseguradoras
   d. ninguna respuesta ____

2. Según la ley, ¿quiénes pueden diagnosticar enfermedades y otras afecciones médicas, y prescribir los medicamentos y el tratamiento para dichas afecciones?
   a. los médicos
   b. los médicos y los enfermeros registrados
   c. los auxiliares de enfermería
   d. los farmacéuticos ____

3. El alcance profesional de una persona está directamente relacionado con ________ y ________.
   a. los clientes, la capacitación
   b. la habilidad, la capacitación
   c. la ética, los clientes
   d. las creencias, la habilidad ____

4. Para muchas ocupaciones y profesiones existen juntas reguladoras nacionales y estatales que ayudan a definir y a hacer cumplir:
   a. una práctica ética
   b. las reglas del establecimiento
   c. el alcance del ejercicio profesional
   d. un estándar del ejercicio profesional ____

5. ¿Cuál de las siguientes afirmaciones acerca del alcance del ejercicio profesional *no* es verdadera?
   a. Los prejuicios personales influye en el alcance del ejercicio de una persona.
   b. El enfoque educativo influye en el alcance del ejercicio profesional de un masajista.
   c. El alcance del ejercicio profesional está influido por las habilidades adquiridas.
   d. La masoterapia tiene un alcance del ejercicio profesional claramente definido. ____

6. En los Estados Unidos, ________ por ciento de los estados han adoptado reglamentos para obtener la licencia para la práctica del masaje.
   a. 40
   b. 60
   c. 80
   d. 90 ____

7. Muchas municipalidades adoptan ordenanzas para poner freno a las prácticas poco éticas y al uso del término ________ para encubrir actividades cuestionables o ilegales.
   a. licencia
   b. masaje
   c. municipal
   d. costumbre ____

8. Las ordenanzas que se adoptan para poner freno a las prácticas poco éticas o ilegales en la masoterapia incluyen todo lo siguiente *excepto*:
   a. búsqueda de antecedentes penales
   b. toma de huellas digitales
   c. toma de fotografías para la ficha policial
   d. exámenes de competencia profesional ____

9. Lo más probable es que una licencia de una ciudad sea válida:
   a. solamente en la ciudad en que se la emitió
   b. en todo el estado donde se la emitió
   c. solamente en el condado en que se la emitió
   d. en todo los Estados Unidos ____

10. Todos los siguientes podrán brindar información con respecto a los reglamentos del masaje *excepto*:
   a. el asesor jurídico municipal
   b. la oficina del comisionado del condado
   c. el departamento de salud
   d. la oficina del alcalde ____

11. ________ entre dos organismos que otorgan licencias significa que las dos entidades reconocerán la validez de una licencia para masajes.
   a. Dualidad
   b. Derechos adquiridos
   c. Reciprocidad
   d. Compartir estatutos ____

12. En términos de otorgamiento de licencias para el masaje, ¿qué legislación suele tener prioridad?
   a. las de la ciudad
   b. las del condado
   c. las federales
   d. las del estado ____

13. ¿Cuál de los siguientes *no* es un requisito para obtener la licencia estatal?
   a. capacitación en masoterapia
   b. examen escrito completo
   c. título secundario
   d. edad mínima de 21 años ____

14. El NCE y el MBLEx son exámenes en formato ________.
   a. de ensayo escrito
   b. de opción múltiple
   c. de respuestas cortas
   d. de verdadero o falso ____

15. Todos los siguientes son temas cubiertos en el examen NCE *excepto*:
   a. beneficios
   b. kinesiología
   c. morfología
   d. patología ____

16. ¿Cuál de las siguientes opciones es un servicio que está dentro del alcance de la práctica del masajista?
   a. acupuntura
   b. evaluación quiropráctica
   c. psicoterapia
   d. evaluación terapéutica ____

17. Cuando se establece un centro de masajes se debe seguir y respetar las leyes comerciales ________
   a. de educación
   b. de masaje
   c. de gimnasia médica
   d. de zonificación ____

18. COMTA exige que las escuelas tengan un mínimo de ________ horas de capacitación en clase antes de ser consideradas para la acreditación.
   a. 500
   b. 600
   c. 800
   d. 1,000 ____

19. Las asignaturas exigidas para la capacitación según COMTA incluyen todas las siguientes *excepto*:
   a. evaluación, planificación y desempeño
   b. desarrollo del negocio y prácticas
   c. efectos del masaje y terapia corporal
   d. contraindicaciones del masaje y precauciones ____

20. En estados que exigen licencias para ejercer el masaje, los requisitos educativos varían de ________ a ________ horas de capacitación.
   a. 300, 600
   b. 500, 1,000
   c. 300, 1,000
   d. 300, 2,200 ____

21. La educación continua está entre los requisitos de renovación de todas siguientes licencias *excepto*:
   a. ABMP
   b. AMTA
   c. FSMTB
   d. NCB ____

22. ¿Cuál de lsa siguientes opciones *no* se encuentra entre los propósitos de los cursos de educación continua que toma un masajista?
   a. ampliar conocimientos técnicos
   b. contratar empleados
   c. mejorar el negocio
   d. actualizar intereses ____

23. Algunos estados exigen un(a) ________ para otorgar la licencia, que sirve como prueba del estado de salud adecuado del masajista.
   a. permiso médico
   b. certificado de salud
   c. certificado del seguro
   d. recomendación física ____

24. Los requisitos de salud del masajista incluyen ________ y la capacidad de concentrarse.
   a. exámenes físicos anuales
   b. aptitud física cardiovascular
   c. certificación
   d. resistencia física ____

25. Las licencias de los masajistas podrían ser revocadas, suspendidas o anuladas por cualquiera de las siguientes razones *excepto*:
   a. falta de ética
   b. ser culpable de un delito grave
   c. adicción a estupefacientes
   d. ser culpable de un delito menor ____

26. ¿Cuál de los siguientes es otorgado por escuelas e institutos para demostrar que la persona completó satisfactoriamente el programa de estudios?
   a. galardón
   b. certificado
   c. licencia
   d. reglamento ____

27. ¿Cuál de los siguientes exámenes de la *National Certification Board* (NCB) se centra en el masaje occidental clásico sin incluir el componente asiático de la terapia corporal?
   a. NCBTMB
   b. NCE
   c. NCETM
   d. NCETMB ____

CAPÍTULO 3: ÉTICA PROFESIONAL PARA MASAJISTAS

OPCIÓN MÚLTIPLE

1. Una profesión está generalmente regulada, representada por una asociación profesional y se adhiere a un(a):
   a. alcance del ejercicio profesional   c. código moral
   b. código de ética   d. estrategia profesional   ____

2. Los requisitos de formación, el alcance del ejercicio profesional, los códigos de ética y las regulaciones estatales y locales son ejemplos de:
   a. normas éticas   c. ética profesional
   b. ética práctica   d. normas profesionales   ____

3. Todos tienen ________ que dictan cómo actuar e interactuar con el mundo y con los demás.
   a. límites   c. campos de fuerza
   b. éticas   d. estrategias   ____

4. ________ brindan protección y un sentido de identidad.
   a. Los códigos morales   c. Los límites personales
   b. Los límites profesionales   d. Las zonas de defensa   ____

5. Los límites ________ son prácticas predeterminadas que protegen la seguridad del cliente y el terapeuta.
   a. éticos   c. personales
   b. profesionales   d. físicos   ____

6. Las ocho áreas principales que deben tenerse en cuenta cuando se establecen los límites profesionales incluyen todas las siguientes *excepto*:
   a. apariencia   c. dinero
   b. lenguaje   d. percepción personal   ____

7. ¿La entonación de la voz es un componente de qué tipo de límite profesional?
   a. apariencia   c. lenguaje
   b. espacio interpersonal   d. apertura personal   ____

8. ________ se refiere al ambiente terapéutico donde se lleva a cabo el masaje que es profesional, seguro y cómodo.
   a. La ubicación   c. El momento
   b. La apariencia   d. ninguna respuesta   ____

9. Para crear el espacio interpersonal con un cliente, el masajista debe:
   a. estar de pie mientras el cliente está sentado
   b. sentarse si el cliente está de pie
   c. permanecer siempre de pie
   d. ubicarse a la altura de los ojos del cliente ____

10. En la apertura personal, la información necesaria para obtener el consentimiento informado del cliente y ganarse su confianza incluye todo lo siguiente *excepto*:
   a. políticas de citas
   b. estado civil
   c. modalidades practicadas
   d. plan de tratamiento ____

11. ¿Cuál de las siguientes áreas de límites profesionales se relaciona directamente con los límites físicos en la camilla y fuera de ella?
   a. apariencia
   b. lenguaje
   c. apertura personal
   d. toque ____

12. Los límites del toque en la camilla de tratamiento incluyen todos los siguientes *excepto*:
   a. profundidad y calidad del toque
   b. el toque supervisado
   c. las partes del cuerpo del cliente que no pueden tocarse
   d. las partes del cuerpo del masajista que tocan al cliente ____

13. El toque que es demasiado ________ puede provocar incomodidad y violar los límites.
   a. leve
   b. profundo
   c. leve o profundo
   d. ni leve ni profundo ____

14. Los límites temporales se definen estableciendo y manteniendo políticas con respecto a todos los siguientes *excepto*:
   a. llegadas tarde
   b. pagos atrasados
   c. citas perdidas
   d. duración de la sesión ____

15. Las tarifas demasiado bajas o exorbitantemente altas para los servicios prestados son ________ a los límites profesionales.
   a. ajustes
   b. infracciones
   c. reglamentos
   d. todas las respuestas ____

16. La relación terapéutica es una relación profesional/paciente que está centrada ________.
   a. en el cliente
   b. en el dinero
   c. en el masajista
   d. en el tiempo ____

17. Un ________ es un lugar donde el cliente da por hecho que no tiene que preocuparse por ninguna anomalía de carácter físico, emocional ni sexual.
a. espacio del cliente
b. consultorio de masajes
c. ambiente seguro
d. espacio de tratamiento ____

18. ________ en la relación masajista-cliente es la base de la seguridad, protección, confianza y respeto.
a. El compromiso
b. La confidencialidad
c. La igualdad
d. La relajación ____

19. La ________ es un requisito legal por el cual el masajista debe informar sobre situaciones de peligro inminente o que ponen en riesgo la vida de un cliente.
a. cláusula de confidencialidad
b. obligación de advertir y proteger
c. diferencia de poder
d. situación de derecho del privilegio del cliente ____

20. En una relación basada en el cliente, la pregunta "¿A quién beneficia la actividad en cuestión? " determina:
a. la satisfacción del cliente
b. si el procedimiento es apropiado
c. la adjudicación de tiempo de tratamiento
d. la información confidencial ____

21. En una relación ________, una de las partes tiene mayor autoridad mientras que la otra tiene un papel más vulnerable o sumiso.
a. subordinada
b. de equilibrio diferencial
c. de pares
d. de diferencia de poder ____

22. ¿En cuál de las siguientes relaciones la diferencia de poder es bastante equilibrada?
a. esposo-esposa
b. empleador-empleado
c. estudiante-profesor
d. profesional-cliente ____

23. Un sentimiento de ________ puede indicar que se está traspasando un límite personal.
a. incomodidad
b. sorpresa
c. placer
d. dolor ____

24. ________ es/son la(s) herramienta(s) más efectiva(s) para prevenir y esclarecer los asuntos limítrofes.
a. La comunicación clara
b. Las normas éticas
c. El litigio
d. Las políticas ____

25. En la relación terapéutica, ¿quién es responsable de ser sensible, respetuoso y mantener los límites personales y profesionales?
   a. el cliente
   b. el empleado
   c. el masajista
   d. ninguna respuesta ____

26. La tendencia inconsciente del cliente de proyectar en el masajista los atributos de alguna persona con quien tuvo una relación pasada se denomina:
   a. transferencia
   b. diferencia de poder
   c. comunicación
   d. contratransferencia ____

27. ________ tiende a reducir la eficacia de la relación terapéutica.
   a. La comunicación
   b. La confidencialidad
   c. La proyección
   d. La transferencia ____

28. *No* es signo de transferencia cuando el cliente hace ¿cuál de los siguientes?
   a. demanda más tiempo del masajista
   b. propone una relación sexual
   c. reprocha al masajista
   d. opta por terminar el tratamiento ____

29. Los clientes que traen obsequios a sus masajistas pueden estar mostrando signos de:
   a. aprecio
   b. contratransferencia
   c. diferencia de poder
   d. transferencia ____

30. ¿Cuál de las siguientes opciones *no* es signo de contratransferencia?
   a. El cliente trae u ofrece regalos o favores al masajista.
   b. El masajista siente temor ante una futura cita con un cliente.
   c. El masajista siente fatiga o depresión después de una sesión.
   d. El masajista piensa excesivamente en un cliente entre sesiones. ____

31. Vestirse de una forma especial para cierto cliente puede ser signo de:
   a. contratransferencia
   b. relación dual
   c. diferencia de poder
   d. transferencia ____

32. La mejor defensa contra la transferencia y la contratransferencia es:
   a. cumplir los mandatos estatales
   b. discontinuar la relación
   c. limitar los servicios a la familia y los amigos cercanos
   d. mantener límites profesionales claros ____

33. ¿Canjear trabajo o servicios puede generar qué tipo de relación?
a. equilibrio de poder
b. dual
c. no terapéutica
d. diferencia de poder ____

34. ¿Cuál de las siguientes opciones es una relación dual clásica?
a. el cliente canjea algo por servicios de masaje
b. el cliente y el masajista asumen otros roles
c. el masajista canjea masajes por otros servicios
d. el cliente deriva amigos al masajista ____

35. ¿Cuál de las siguientes opciones describe lo que debe hacer el profesional que desarrolla sentimientos por un cliente?
a. invitar al cliente a tomar un café
b. valorar los sentimientos del cliente
c. determinar el consentimiento mutuo
d. remitir al cliente a otro masajista ____

36. ¿Quién es responsable de mantener límites profesionales?
a. en el cliente
b. el masajista
c. el colega supervisor
d. todas las respuestas ____

37. ¿Cuál de las siguientes opciones aumenta con el toque positivo del masaje?
a. cortisol
b. dopamina
c. norepinefrina
d. estrés ____

38. Las personas que sufren de depresión tienen bajos niveles de:
a. cortisol
b. epinefrina
c. norepinefrina
d. serotonina ____

39. El toque se considera ________ cuando se aplica para hacer daño o dominar al receptor.
a. agresivo
b. informal
c. erótico
d. ninguna respuesta ____

40. En un entorno terapéutico,el toque ________ nunca es apropiado.
a. informal
b. erótico
c. positivo
d. movimientos terapéuticos ____

41. ________ es una respuesta fisiológica y cognitiva natural a un estímulo que el cuerpo percibe como erótico.
a. El toque positivo
b. El abuso sexual
c. La excitación sexual
d. La terapia del toque ____

42. ¿Cuál de las siguientes opciones esconde la mayoría de los signos de excitación sexual en las mujeres?
   a. iluminación cuidadosa
   b. cuerpo bien cubierto
   c. ubicación adecuada de la camilla
   d. ninguna respuesta ____

43. Los terapeutas que descubren que están involucrados en casos de transferencia, contratransferencia o relaciones duales deben buscar:
   a. remitir al cliente
   b. diferenciales de poder
   c. supervisión
   d. masaje terapéutico ____

44. En la supervisión ________, los terapeutas que practican formas similares de terapia se reúnen de forma regular programada siguiendo un formato convenido.
   a. de un tutor
   b. en un grupo de compañeros de trabajo
   c. de salud mental
   d. clínica ____

45. ¿Cuál de las siguientes opciones *no* es un ejemplo de normas del ejercicio profesional?
   a. conservar registros exactos
   b. mantenerse dentro del alacance del ejercicio profesional
   c. tratar a los clientes con cortesía
   d. compartir la información de los clientes libremente ____

46. ________ es la capacidad de ser tolerante en condiciones estresantes o indeseables.
   a. La intuición
   b. La honestidad
   c. La paciencia
   d. El tacto ____

47. La cualidad de ser confiable, responsable, autodisciplinado y bien adaptado se denomina:
   a. tacto
   b. intuición
   c. madurez
   d. automotivación ____

48. ________ se proyecta en relación a usted y a la profesión que ha escogido.
   a. La alegría
   b. La honestidad
   c. La intuición
   d. La autoestima ____

49. La capacidad de establecer metas positivas y de dedicarles la energía y el esfuerzo necesarios para hacerlas realidad se denomina:
   a. automotivación
   b. autoestima
   c. tacto
   d. madurez ____

50. Un(a) ________ es especialmente importante en el negocio de los servicios personales porque los profesionales están tratando con la salud y el bienestar de las personas.
   a. nombre comercial adecuado
   b. reputación confiable
   c. plan de negocios sólido
   d. manual del empleado ____

Parte 2: Anatomía y fisiología humanas

CAPÍTULO 4: DESCRIPCIÓN GENERAL

OPCIÓN MÚLTIPLE

1. ____________ es la ciencia que estudia la estructura de un organismo o cuerpo.
   a. Anatomía
   b. Kinesiología
   c. Patología
   d. Fisiología ____

2. ____________ se ocupa de las funciones normales que realizan los diversos sistemas corporales.
   a. Anatomía
   b. Kinesiología
   c. Patología
   d. Fisiología ____

3. El estudio científico de la actividad muscular y la mecánica del movimiento del cuerpo se denomina:
   a. Anatomía
   b. Kinesiología
   c. Patología
   d. Fisiología ____

4. ____________ examina qué sucede cuando el cuerpo o una parte del cuerpo se encuentra en estado de disfunción o enfermedad.
   a. Anatomía
   b. Kinesiología
   c. Patología
   d. Fisiología ____

5. Los efectos reflejos del masaje incluyen todas las siguientes opciones *excepto*:
   a. disminución de la frecuencia cardíaca
   b. mayor circulación local
   c. respiración más profunda
   d. respiración más lenta ____

6. El aumento de la circulación a los órganos internos, la reducción de la presión sanguínea y la relajación general de los músculos son ejemplos de efectos ____________ del masaje.
   a. indirectos
   b. básicos
   c. reflejos
   d. directos ____

7. Un conocimiento básico de ____________ le proporciona al masajista comprensión acerca de los procesos de las enfermedades.
   a. fisiología
   b. patología
   c. kinesiología
   d. anatomía ____

8. Cuando se perturba __________ del cuerpo la persona puede experimentar síntomas de enfermedad.
   a. la sangre
   b. la homeostasis
   c. la linfa
   d. el sistema ____

9. __________ son indicaciones observables de una enfermedad.
   a. Los indicadores
   b. Las señales
   c. Las etapas
   d. Los síntomas ____

10. ¿Cuál de los siguientes *no* es señal de enfermedad?
   a. fiebre
   b. color anormal de la piel
   c. escalofríos
   d. irregularidades físicas ____

11. Las bases del diagnóstico de la enfermedad incluye todas las siguientes opciones *excepto*:
   a. homeostasis
   b. síntomas y señales
   c. análisis de laboratorio
   d. historias clínicas ____

12. La edad, las condiciones de vida o laborales, el sexo y los factores hereditarios son factores __________ en la enfermedad.
   a. directos
   b. indirectos
   c. de predisposición
   d. de estrés ____

13. __________ es cualquier condición o situación psicológica o física que causa tensión o presión.
   a. Enfermedad
   b. Homeostasis
   c. Dolor
   d. Estrés ____

14. Durante momentos de estrés, __________ nos dan un impulso físico y mental que agudiza nuestros sentidos y refuerza nuestros reflejos.
   a. las hormonas adrenales
   b. los glucógenos
   c. los parásitos
   d. los estresores ____

15. Durante momentos de estrés, todas las siguientes glándulas afectan la función de la mayoría de los sistemas internos *excepto* el/la:
   a. suprarrenal
   b. hipotálamo
   c. pituitaria
   d. tiroides ____

16. Las principales hormonas y las más comprendidas son __________ y __________.
   a. adrenalina, cortisol
   b. prolactina, estrógeno
   c. cortisol, epinefrina
   d. epinefrina, norepinefrina ____

17. ¿Cuál de las siguientes opciones *no* es parte de la respuesta al estrés del cuerpo?
    a. la presión arterial sube
    b. la digestión se detiene
    c. los riñones segregan fluidos
    d. aumenta el tono muscular ____

18. Una secreción de adrenalina prolongada puede provocar:
    a. aterosclerosis
    b. depresión
    c. fiebre
    d. isquemia ____

19. Las sensaciones primarias del cuerpo incluyen todas las siguientes opciones *excepto*:
    a. calor
    b. dolor
    c. gusto
    d. toque

20. El dolor es el resultado de la estimulación de las terminaciones nerviosas especializadas llamadas:
    a. inflictores
    b. nociceptores
    c. receptores
    d. vísceras ____

21. ____________ es una función principalmente de protección ya que advierte sobre el daño o la destrucción de tejido en alguna parte del cuerpo.
    a. Adrenalina
    b. Aterosclerosis
    c. Dolor
    d. Estrés ____

22. Se encuentran nociceptores en todos los siguientes *excepto* en:
    a. las paredes arteriales
    b. las articulaciones
    c. los músculos
    d. el periostio de los huesos ____

23. ¿Cuál de los siguientes es una respuesta fisiológica al dolor?
    a. alerta intensificada
    b. flujo sanguíneo de los músculos
    c. presión arterial alta
    d. ansiedad ____

24. Un síndrome de interés para el masajista es el ciclo ____________ asociado con los espasmos musculares.
    a. dolor-espasmo-dolor
    b. isquemia-dolor
    c. estrés-espasmo
    d. reflejo-reacción ____

25. ____________ es anemia tisular localizada como consecuencia de una obstrucción del flujo sanguíneo.
    a. La infección
    b. La inflamación
    c. La isquemia
    d. El espasmo muscular ____

26. Todos los siguientes son microorganismos que producen enfermedades *excepto las/los*:
    a. bacterias c. infecciones
    b. hongos d. virus ____

27. Cuando los organismos invasores están restringidos a un área pequeña del cuerpo, ocurre una infección ____________.
    a. fúngica c. parasítica
    b. local d. sistémica ____

28. ____________, son organismos diminutos, unicelulares, que tienen características de plantas y de animales, y se clasifican como inofensivos o dañinos.
    a. Virus c. Hongos
    b. Bacterias d. Parásitos ____

29. Cuando se daña el tejido, se liberan sustancias que causan reacciones secundarias dramáticas que se llaman de manera colectiva:
    a. inflamación c. isquemia
    b. fiebre d. irritación ____

30. Todas las siguientes opciones son señales de inflamación *excepto*:
    a. calor c. palidez
    b. hinchazón d. dolor ____

31. En un proceso denominado ____________, una cantidad elevada de glóbulos blancos atrapan y digieren los organismos invasores.
    a. leucocitos c. inflamación
    b. fagocitosis d. infección ____

32. La fiebre superior a los 102 grados F se clasifica como:
    a. prolongada c. elevada
    b. extrema d. precoz ____

33. Cuando un cliente tiene fiebre, el masaje es/está:
    a. relajante c. suave
    b. contraindicado d. de apoyo ____

34. ¿Cuál de las siguientes opciones se repara dejando debilidad y cicatrices notorias?
    a. los huesos y los ligamentos c. las neuronas
    b. los músculos y los tendones d. los tejidos superficiales ____

35. ¿Cuál de las siguientes opciones se repara lentamente y puede requerir inmovilización?
   a. los huesos y los ligamentos
   b. los músculos y los tendones
   c. las neuronas
   d. los tejidos superficiales ____

36. Las células de tejido conectivo denominadas ____________ brindan estructura para la regeneración del tejido vascular y epitelial.
   a. adherencias
   b. tejidos cicatriciales
   c. fibroblastos
   d. neuronas ____

37. El tejido denso y fibroso que se forma cuando una herida, lesión, quemadura o llaga se cura es:
   a. el fibroblasto
   b. la cicatriz
   c. la neurona
   d. ninguna respuesta ____

38. ____________ es un conjunto de conductas y hábitos que influyen positivamente en la salud.
   a. Reflejismo
   b. Optimismo
   c. Fisicalidad
   d. Bienestar ____

39. En una escala de bienestar, el "0" indica:
   a. no hay enfermedad perceptible
   b. salud óptima
   c. actitud negativa
   d. enfermedad severa ____

40. En la terminología médica, un sufijo suele denotar un/una:
   a. diagnóstico
   b. ubicación
   c. relación
   d. estructura ____

41. En terminología médica, el prefijo que significa *mitad* es:
   a. epi-
   b. hemi-
   c. supra-
   d. uni- ____

42. Cuando se utiliza en un término médico, ¿cuál de los siguientes significados tiene el sufijo –cito?
   a. afección
   b. enfermedad
   c. tumor
   d. célula ____

43. Cuando se utiliza en un término médico, ¿cuál de las siguientes raíces significa *costilla*?
   a. ven
   b. trom
   c. hist
   d. cost ____

Parte 2: Anatomía y fisiología humanas

CAPÍTULO 5: ANATOMÍA Y FISIOLOGÍA HUMANAS

OPCIÓN MÚLTIPLE

1. El estudio de la enfermedad y los procesos de las enfermedades se llama:
   a. morfología	c. patología
   b. fisiología	d. anatomía	____

2. El estudio científico de la actividad muscular y de la mecánica del movimiento del cuerpo se llama:
   a. patología	c. fisiología
   b. morfología	d. kinesiología	____

3. Las células se organizan en capas o grupos llamados:
   a. tejidos	c. membranas
   b. órganos	d. átomos	____

4. Los sistemas orgánicos están organizados para formar un(a):
   a. célula	c. membrana
   b. tejido	d. organismo	____

5. Los conjuntos de células similares que cumplen funciones corporales específicas se llaman:
   a. centrosomas	c. organelas
   b. tejidos	d. órganos	____

6. En las células vivas, el cuerpo central o ____________ contiene la información genética para la continuación de la vida.
   a. núcleo	c. membrana celular
   b. protoplasma	d. citoplasma	____

7. ¿Durante qué etapa de la mitosis los cromosomas crecen y se vuelven más definidos?
   a. interface	c. profase
   b. telofase	d. anafase	____

8. ¿La mayor parte del trabajo y crecimiento ocurre en qué etapa de la mitosis?
   a. interface	c. profase
   b. telofase	d. anafase	____

9. En los animales, el tipo de división celular que ocurre únicamente en las glándulas sexuales y produce el óvulo y el esperma necesario para la reproducción es:
   a. mitosis c. citocinesis
   b. diferenciación d. meiosis ____

10. ¿El centríolo y el núcleo desempeñan un papel importante en qué categoría de actividad celular?
   a. vegetativa c. especializada
   b. crecimiento d. todas las respuestas ____

11. Las dos fases del metabolismo son __________ y __________.
   a. mitosis, meiosis c. diferenciación, mitosis
   b. anabolismo, catabolismo d. profase, anafase ____

12. Las proteínas que actúan como catalizadores de las reacciones químicas en el metabolismo mientras permanecen sin ser afectadas se llaman:
   a. enzimas c. carbohidratos
   b. organelas d. tejidos ____

13. La capa intermedia del cigoto es el/la:
   a. endodermo c. ectodermo
   b. mesodermo d. dermis ____

14. ¿Cuál de las siguientes clasificaciones según la forma de las células epiteliales es plana?
   a. cuboidal c. estratificada
   b. columnar d. escamosa ____

15. La membrana fibrosa que protege el hueso y sirve como unión entre los tendones y los ligamentos es el/la:
   a. membrana serosa c. membrana esquelética
   b. periostio d. pericondrio ____

16. Las cavidades y las cápsulas ubicadas dentro y alrededor de las articulaciones están forradas por una membrana de tejido conectivo llamada __________.
   a. membrana sinovial c. membrana esquelética
   b. membrana mucosa d. periostio ____

17. El tejido __________ es tejido conectivo laxo que liga la piel a los tejidos subyacentes y llena los espacios entre los músculos.
   a. adiposo c. muscular
   b. areolar d. estriado ____

18. ¿Qué tipo de tejido muscular se encuentra en los órganos huecos, como el estómago, el intestino delgado, el colon, la vejiga y los vasos sanguíneos?
a. estriado
b. liso
c. membrana esquelética
d. cardíaco ____

19. Los músculos esqueléticos que pueden ser puestos en acción mediante el esfuerzo consciente son:
a. voluntarios
b. lisos
c. adiposos
d. cardíacos ____

20. ¿Qué tipo de tejido conectivo laxo provee un armazón para el hígado y los otros órganos linfoides?
a. adiposo
b. areolar
c. hialino
d. reticular ____

21. Los cordones o bandas blancas y resplandecientes que sirven para unir los músculos con los huesos y que consisten principalmente de fibras de colágeno resistentes se llaman:
a. ligamentos
b. adiposos
c. tendones
d. fascia ____

22. El cartílago ____________, el más flexible, se encuentra en el oído externo, la laringe y estructuras similares.
a. fibroso
b. hialino
c. elástico
d. incrustado ____

23. El tejido conectivo representado por la sangre y la linfa se llama tejido ____________.
a. liso
b. líquido
c. profundo
d. cartilaginoso ____

24. El plano ____________ es una línea imaginaria que divide el cuerpo horizontalmente en dos partes, superior e inferior.
a. coronal
b. sagital
c. transversal
d. medio sagital ____

25. Caudal o aspecto inferior significa situado hacia
a. la línea media
b. la corona de la cabeza
c. el lado izquierdo
d. los pies ____

26. ¿Cuál de las siguientes es una cavidad ventral?
a. abdominal
b. pélvica
c. torácica
d. todas las respuestas ____

27. El nombre de la región del abdomen lateral a la región epigástrica es:
a. hipocondrio
b. hipogástrica
c. umbilical
d. inguinal ____

28. Todas las siguientes opciones son parte del sistema integumentario, excepto:
a. la piel
b. las uñas
c. la sangre
d. el cabello ____

29. ¿Qué capa de la piel contiene células adiposas, sangre y vasos sanguíneos y linfáticos, glándulas sudoríparas y sebáceas, folículos capilares y terminaciones nerviosas?
a. papilar
b. epidermis
c. reticular
d. melanina ____

30. El cabello y las uñas están compuestos por ____________, una proteína que se encuentra en diferente forma en la piel.
a. colágeno
b. queratina dura
c. melanina
d. elastina ____

31. Una lesión de la piel primaria que es un bulto más grande que una pápula es un(a):
a. fisura
b. roncha
c. tubérculo
d. mácula ____

32. Un trozo de epidermis superficial y engrosado provocado por la fricción en las manos y los pies es un(a):
a. asteatosis
b. queratoma
c. esteatoma
d. impétigo ____

33. El cáncer de piel más grave pero menos común es el:
a. carcinoma basocelular
b. carcinoma de células escamosas
c. melanoma maligno
d. carcinoma de células linfáticas ____

34. La inflamación aguda de un tronco nervioso provocada por el virus del herpes varicela zóster es:
a. culebrilla
b. herpes simplex tipo I
c. herpes simplex tipo II
d. panadizo herpético ____

35. ¿Cuál de las siguientes opciones se caracteriza por lesiones rojas y protuberantes acompañadas de reacción alérgica?
a. dermatitis por contacto
b. urticaria
c. psoriasis
d. eccema ____

36. Una lentícula también se llama:
a. marca de nacimiento
b. mancha del hígado
c. peca
d. máscara del embarazo ____

37. ¿Las vértebras son un ejemplo de qué tipo de hueso?
a. largo
b. corto
c. plano
d. irregular ____

38. El tejido conectivo que llena las cavidades de los huesos se llama:
   a. tejido óseo compacto
   b. médula ósea
   c. hueso esponjoso
   d. hialino ____

39. ¿Cuál de las siguientes opciones sostiene la base de la lengua?
   a. cráneo
   b. hueso hioides
   c. maxilar
   d. carpianos ____

40. ¿Qué tipo de articulación tiene movimiento limitado?
   a. sinartrosis
   b. diartróticas
   c. anfiartrosis
   d. sinoviales ____

41. ¿Qué tipo de cartílago tiene una alta densidad de fibras de colágeno y forma articulaciones de tipo anfiartrosis cartilaginosas?
   a. fibrocartílago
   b. hialino
   c. elástico
   d. sinoviales ____

42. Las articulaciones ____________ se mueven en un solo plano, como es el caso del codo.
   a. bisagra
   b. pivotantes
   c. silla de montar
   d. deslizantes ____

43. Un(a) ____________ ocurre cuando el hueso es desplazado en una articulación.
   a. esguince
   b. dislocación
   c. hernia de disco
   d. fractura ____

44. ____________ es una curvatura lateral de la columna vertebral provocada por la rotación de las vértebras.
   a. Lordosis
   b. Cifosis
   c. Escoliosis
   d. Cifosis de Scheuermann ____

45. ¿Qué tipo de músculo no se adhiere al hueso pero puede mantener una contracción durante mucho tiempo y no se fatiga con facilidad?
   a. esquelético
   b. liso
   c. voluntario
   d. estriado ____

46. La habilidad de estiramiento del músculo se llama:
   a. irritabilidad
   b. contractilidad
   c. elasticidad
   d. extensibilidad ____

47. La fascia se proyecta más allá de los extremos del músculo para convertirse en vainas tendinosas y planas llamadas ____________, que conectan los músculos con otras estructuras.
   a. aponeurosis
   b. ligamentos
   c. fascículos
   d. perimisio ____

48. El término ____________ se emplea para describir la combinación de tejidos de los músculos y su tejido conectivo relacionado o fascia.
a. endomisio c. miofascial
b. perimisio d. fascículo ____

49. La pared celular de la célula muscular es el/la:
a. miofibrilla c. sarcómero
b. sarcolema d. miosina ____

50. Los canales de las células musculares que tienen líquido extracelular que ayuda a transmitir impulsos nerviosos a través de las células son los:
a. túbulos transversales c. sarcolemas
b. retículos sarcoplásmicos d. uniones mioneurales ____

51. ¿Cuál de las siguientes opciones ubicadas en el centro del músculo alertan al sistema nervioso central con respecto al largo, el nivel de estiramiento y la velocidad del músculo?
a. actina c. miosina
b. células fusiformes d. uniones mioneurales ____

52. El proceso en el que la glucosa se descompone en ausencia de oxígeno es la respiración ____________.
a. aeróbica c. aeróbica y anaeróbica
b. anaeróbica d. ni aeróbica ni anaeróbica ____

53. ¿Qué tipo de fibras musculares se encuentran en grandes cantidades en los músculos posturales?
a. I c. IIa
b. II d. IIb ____

54. ¿Cuál de las siguientes opciones no es un músculo fásico?
a. glúteos c. isquiotibiales
b. romboides d. gastrocnemios ____

55. Los músculos que estabilizan partes del cuerpo para que otros músculos puedan actuar en los miembros o partes del cuerpo adyacentes se llaman:
a. sinergistas c. fijadores
b. agonistas d. agentes principales ____

56. ¿Cuál de los siguientes términos significa "situado abajo"?
a. dorsal c. distal
b. posterior d. inferior ____

57. Los espasmos musculares que alternan entre la contracción y la relajación se llaman:
a. tónicos
b. clónicos
c. crónicos
d. espasmódicos ____

58. ¿Cuál de los siguientes músculos flexiona, rota lateralmente y permite la abducción del muslo?
a. dorsal interóseo
b. sartorio
c. poplíteo
d. semiespinal ____

59. ¿Cuál de las siguientes opciones es el principal músculo de la respiración?
a. cuadrado lumbar
b. diafragma
c. esternohioideo
d. buccinador ____

60. El músculo cardíaco es el:
a. endocardio
b. miocardio
c. pericardio
d. ninguna respuesta ____

61. La válvula __________ del corazón permite que se bombee la sangre desde el ventrículo izquierdo hacia la aorta.
a. bicúspide
b. mitral
c. semilunar aórtica
d. semilunar pulmonar ____

62. En un adulto normal, el corazón late aproximadamente de __________ a __________ veces por minuto.
a. 50, 60
b. 60, 80
c. 80, 100
d. 100, 120 ____

63. Los vasos de paredes gruesas musculares y elásticas que transportan la sangre oxigenada desde el corazón se llaman:
a. arteriolas
b. capilares
c. vénulas
d. arterias ____

64. La principal arteria del cuerpo es la:
a. capilar
b. vena
c. aorta
d. arteriola ____

65. El proceso en el que la presión de la sangre empuja los fluidos y las sustancias a través de la pared capilar hacia el espacio intersticial se denomina:
a. filtración
b. difusión
c. vasodilatación
d. vasoconstricción ____

66. En el fenómeno que se conoce como __________, los músculos se contraen y ejercen presión externa sobre las venas, que tienden a colapsarlas.
a. difusión
b. bombeo venoso
c. filtración
d. ninguna respuesta ____

67. La circulación sanguínea desde el corazón a los pulmones y de regreso al corazón se denomina circulación ___________.

a. general
b. pulmonar
c. sistémica
d. cardíaca ____

68. ¿Cuál de las siguientes opciones aumenta la probabilidad de padecer aterosclerosis?

a. presión arterial alta
b. fumar
c. nivel de colesterol alto
d. todas las respuestas ____

69. Un accidente cerebrovascular (ACV) o infarto es causado por la interrupción de la circulación en el cerebro debido a todas las siguientes opciones *excepto*:

a. embolismo
b. aterosclerosis
c. edema
d. hemorragia ____

70. *Infarto de miocardio* es otro nombre para:

a. paro cardíaco
b. coágulo sanguíneo
c. aneurisma
d. accidente cerebrovascular ____

71. La afección que se caracteriza por un exceso de fluido en los espacios intersticiales se llama:

a. hematoma
b. edema
c. angina de pecho
d. accidente cerebrovascular ____

72. La piel puede alojar hasta ___________ de toda la sangre del cuerpo.

a. un cuarto
b. un tercio
c. la mitad
d. dos tercios ____

73. El compuesto de proteína y hierro de los glóbulos rojos que es capaz de transportar oxígeno desde los pulmones hasta las células y dióxido de carbono desde las células se denomina:

a. hematoma
b. eritrocito
c. leucocito
d. hemoglobina ____

74. El proceso en el cual los leucocitos engullen y digieren las bacterias dañinas se denomina:

a. difusión
b. fagocitosis
c. trombocitosis
d. coagulación ____

75. En la anemia ___________, que es hereditaria, las moléculas de hemoglobina toman forma de hoz después de entregar oxígeno a las células.

a. aplásica
b. falsiforme
c. nutricional
d. hemofilia ____

76. Los capilares linfáticos ubicados en la vellosidades del intestino delgado se llaman:
a. linfáticos
b. arteriolas
c. quilíferos
d. conductos torácicos ____

77. ¿En qué parte del cuerpo se encuentra un ganglio linfático inguinal?
a. axila
b. seno
c. codo
d. ingle ____

78. Cualquier cosa que pueda desencadenar una respuesta inmune se llama:
a. anticuerpo
b. antígeno
c. leucocito
d. linfocito ____

79. Las células B actúan principalmente produciendo:
a. antígenos
b. alérgenos
c. anticuerpos
d. todas las respuestas ____

80. Los glóbulos sanguíneos que pueden engullir y digerir restos celulares y cuerpos extraños en los tejidos se llaman:
a. fagocitos
b. leucocitos
c. leucotrienos
d. histaminas ____

81. La unión donde las señales nerviosas saltan de un nervio a otro se llama:
a. dendrita
b. sinapsis
c. neurotransmisor
d. neurona ____

82. Las neuronas ____________ conducen impulsos desde los órganos sensoriales al cerebro.
a. motoras
b. sensoriales
c. eferentes
d. internunciales ____

83. ____________ es una inflamación aguda de la piamadre y de la aracnoides alrededor del cerebro y la médula espinal.
a. Encefalitis
b. Diencefalitis
c. Meningitis
d. ninguna respuesta ____

84. ¿Qué parte del cerebro ayuda a mantener el equilibrio corporal, coordina los músculos voluntarios y el movimiento de los músculos lisos?
a. telencéfalo
b. cerebelo
c. diencéfalo
d. tronco encefálico ____

85. ¿Cuál de los siguientes nervios craneanos controla el movimiento de la lengua?
a. hipogloso
b. abducente
c. óptico
d. vago ____

86. El plexo __________ consiste en cuatro nervios cervicales superiores que abastecen la piel y controlan el movimiento de la cabeza, el cuello y los hombros.
a. sacro
b. braquial
c. cervical
d. lumbar ____

87. ¿Cuál de los siguientes *no* es un nervio abdominal?
a. hipogástrico
b. lumbar
c. intercostal
d. trigémino ____

88. La forma más simple de actividad nerviosa, en la que participan un nervio sensorial y uno motor se denomina:
a. cinestesia
b. reflejo
c. propiocepción
d. exterocepción ____

89. Los __________ perciben dónde está el cuerpo y cómo se mueve.
a. quimiorreceptores
b. nociceptores
c. propioceptores
d. exteroceptores ____

90. ¿Cuál de las siguientes enfermedades es producida por la ruptura de las vainas de mielina?
a. el mal de Parkinson
b. la esclerosis múltiple
c. el mal de Parkinson y la esclerosis múltiple
d. ni el mal de Parkinson ni la esclerosis múltiple ____

91. ¿Cuál de las siguientes hormonas es segregada por los islotes pancreáticos y ayuda a transportar glucosa a las células?
a. insulina
b. calcitonina
c. glucagón
d. cortisol ____

92. ¿Cuál de las siguientes hormonas pituitarias estimula la producción de leche en el pecho de la mujer?
a. hormona adrenocorticotrópica
b. prolactina
c. hormona gonadotropina
d. oxitocina ____

93. Una expresión facial tensa y esforzada y ojos saltones son características de:
a. enfermedad de Addison
b. bocio
c. cretinismo
d. enfermedad de Graves ____

94. __________ es una contracción muscular sostenida que, por lo general, afecta las manos y los pies.
a. Bocio
b. Tetania
c. Cretinismo
d. Acromegalia ____

95. __________, que deriva del exceso de producción de glucocorticoides, se caracteriza por obesidad, debilidad muscular y niveles elevados de azúcar en sangre.
a. Enfermedad de Addison
b. Síndrome de Cushing
c. Diabetes mellitus
d. Enfermedad de Graves ____

96. Los niveles de respiración incluyen todas las siguientes opciones *excepto*:
a. celular
b. interna
c. postural
d. externa ____

97. ¿Cuál de las siguientes opciones ayuda a mantener el funcionamiento normal del sistema respiratorio?
a. ejercicio regular
b. respiración profunda
c. dieta sana
d. todas las respuestas ____

98. ¿Cuál de las siguientes opciones comienza como una infección bacteriana que puede incubarse sin detección al autoconfinarse en bolsas carnosas?
a. sinusitis
b. neumonía
c. influenza
d. tuberculosis ____

99. ¿Cuál de las siguientes opciones es una función principal del sistema digestivo?
a. absorción
b. digestión
c. absorción y digestión
d. ni absorción ni digestión ____

100. ¿Cuál de las siguientes opciones *no* es parte del canal alimentario?
a. boca
b. esófago
c. hígado
d. estómago ____

101. ¿Cuál de las siguientes opciones es parte de los medios físicos de la digestión?
a. lengua
b. músculos faríngeos
c. dientes
d. todas las respuestas ____

102. ¿Qué capa del canal alimentario es la más externa?
a. mucosa
b. submucosa
c. serosa
d. muscular ____

103. La mezcla de jugos gástricos, mucosidad y alimentos en el estómago se llama:
a. quimo
b. bolo
c. íleo
d. mucosa ____

104. La bilis del hígado y de la vesícula biliar es esencial para la descomposición de los/las:
a. carbohidratos
b. lípidos
c. proteínas
d. todas las respuestas ____

105. ¿La pepsina se encuentra en qué jugo digestivo?
a. saliva
b. jugo gástrico
c. jugo pancreático
d. bilis ____

106. ¿Cuál de las siguientes opciones *no* se encuentra en el jugo pancreático?
a. tripsina
b. lactasa
c. lipasa
d. amilasa ____

107. Las funciones del colon incluyen todas las siguientes *excepto*:
a. excreción de productos de desecho
b. almacenamiento de productos de desecho
c. producción de bilis
d. regulación del balance hídrico ____

108. Cuando se retienen, los desechos metabólicos tienden a:
a. provocar obesidad
b. calmar el estrés corporal
c. intoxicar el cuerpo
d. todas las respuestas ____

109. ¿Qué órgano excretor elimina el agua y el calor a través del proceso de la transpiración?
a. el hígado
b. los riñones
c. los pulmones
d. la piel ____

110. Las glándulas con forma de frijol que filtran la sangre se llaman:
a. nefrones
b. los riñones
c. uréteres
d. ninguna respuesta ____

111. Los riñones tienen ____________ a ____________ nefrones.
a. 2,000, 3,000
b. 50,000, 100,000
c. 2 millones, 3 millones
d. 10 millones, 15 millones ____

112. ¿Cuál de las siguientes opciones *no* es una función de los riñones?
a. mantener el balance hídrico
b. almacenar glucógeno
c. equilibrar los ácidos y las bases
d. producir renina ____

113. Una glándula sexual que produce células reproductivas es un(a):
a. gónada
b. gameto
c. óvulo
d. cigoto ____

114. El sistema reproductivo masculino incluye todas las siguientes opciones *excepto*:
a. conductos deferentes
b. glándula prostática
c. oviductos
d. glándulas de Cowper ____

115. Las gónadas masculinas están fuera del cuerpo en una bolsa situada en la base del pene y debajo de éste, llamada:

a. escroto
b. espermátide
c. glándula exocrina
d. pene ____

116. Cerca del vestíbulo de la vagina están las glándulas productoras de mucosidad, llamadas: glándulas ____________ .

a. de Bartholin
b. de Cowper
c. endocrinas
d. ninguna respuesta ____

117. Los tubos que conducen el óvulo del sistema reproductor femenino son los:

a. ovarios
b. oviductos
c. ovarios y oviductos
d. ni ovarios ni oviductos ____

118. Los órganos glandulares ubicados dentro del área pélvica son:

a. los ovarios
b. los oviductos
c. el óvulo
d. la vulva ____

119. ¿Los ovarios funcionan para producir cuál de las siguientes opciones?

a. óvulos
b. estrógeno
c. progesterona
d. todas las respuestas ____

120. ____________ es la hormona de la glándulas pituitaria que transforma el folículo en el cuerpo *lúteo*.

a. Estrógeno
b. Hormona luteinizante
c. Prolactina
d. Testosterona ____

121. El cese fisiológico del ciclo menstrual se llama:

a. maduración
b. menstruación
c. menopausia
d. gestación ____

122. ¿Cuánto suele durar la gestación humana?

a. 300 días
b. 40 semanas
c. 200 días
d. 25 semanas ____

123. Desde el comienzo del tercer mes de embarazo hasta el nacimiento, el niño en desarrollo se denomina:

a. embrión
b. gameto
c. feto
d. cigoto ____

Parte 3: Práctica del masaje

CAPÍTULO 6: EFECTOS, BENEFICIOS, INDICACIONES Y CONTRAINDICACIONES DEL MASAJE

OPCIÓN MÚLTIPLE

1. ____________ es un método natural por el cual los dolores y molestias menores pueden ser aliviados mientras se suministra alivio de la tensión y la fatiga.
   a. Aneurisma c. Masaje
   b. Hematoma d. Reflexología ____

2. El masaje occidental tradicional también se conoce comúnmente como masaje ____________.
   a. contraindicado c. petrissage
   b. natural d. sueco ____

3. Cuando una intervención o tratamiento específico se considera perjudicial o inseguro, ese tratamiento es:
   a. efectivo c. contraindicado
   b. derivado d. objetable ____

4. Físicamente, el masaje incrementa todo lo siguiente *excepto*:
   a. la cura c. el metabolismo
   b. la función linfática d. los espasmos musculares ____

5. La masoterapia gestiona eficazmente el dolor en todas las siguientes dolencias *excepto*:
   a. artritis c. neuralgia
   b. impétigo d. ciática ____

6. Los efectos físicos directos de las técnicas de masaje sobre los tejidos que contactan se denominan efectos ____________.
   a. contraindicados c. mecánicos
   b. indirectos d. reflejos ____

7. La piel enrojece o se calienta debido a:
   a. actividad incrementada de las glándulas sebáceas
   c. actividad disminuida de las glándulas sudoríferas
   b. flujo linfático incrementado
   d. circulación sanguínea incrementada ____

8. La glándula __________ se denomina también glándula del sudor.
   a. suprarrenal
   b. pituitaria
   c. sebácea
   d. sudorífera ____

9. Los efectos __________ del masaje son respuestas indirectas al toque que afectan la función corporal a través de los sistemas nervioso o de energía.
   a. mecánicos
   b. nutricionales
   c. reflejos
   d. gatillo ____

10. ¿Cuál de los siguientes es un efecto reflejo del masaje en el sistema muscular?
   a. tejidos conectivos comprimidos
   b. hiperemia
   c. tejidos conectivos estirados
   d. circulación mejorada ____

11. Un masaje puede liberar restricciones de la fascia y reducir el engrosamiento de los tejidos conectivos denominados:
   a. hematoma
   b. homeostasis
   c. hiperplasia
   d. hipertermia ____

12. Todos los siguientes son efectos de los movimientos de masaje pasivos *excepto*:
   a. lubricar las articulaciones
   b. nutrir la piel
   c. relajación muscular
   d. músculos fortalecidos ____

13. Los movimientos __________ conjuntos son ejercicios en los que los músculos voluntarios son contraídos por el cliente y resistidos o asistidos por el terapeuta.
   a. activos
   b. mecánicos
   c. pasivos
   d. reflejos ____

14. La sistema nervioso __________ consiste del cerebro y la médula espinal.
   a. autónomo
   b. central
   c. periférico
   d. parasimpático ____

15. Los sistemas nerviosos simpático y parasimpático componen el sistema nervioso __________ .
   a. autónomo
   b. central
   c. periférico
   d. simpático ____

16. La sistema nervioso __________ funciona para conservar la energía y revertir la acción de la división simpática.
   a. autónomo
   b. central
   c. parasimpático
   d. periférico ____

17. La sistema nervioso ___________ consiste de todos los nervios que conectan el sistema nervioso central con el resto del cuerpo.
    a. autónomo c. periférico
    b. parasimpático d. simpático ____

18. Las técnicas de masajes sedantes incluyen todas las siguientes *excepto*:
    a. golpeteo suave c. petrissage
    b. fricción ligera d. vibración ____

19. ¿Cuál de las siguientes *no* es una técnica de masaje estimulante?
    a. percusión c. rodadura
    b. *petrissage* d. retorcimiento ____

20. La sistema nervioso ___________ prepara el cuerpo para consumir energía en respuesta a emergencias, a menudo denominadas preparación de tipo "pelear o huir".
    a. autónomo c. periférico
    b. parasimpático d. simpático ____

21. La estimulación del sistema nervioso simpático ocasiona todas las siguientes acciones *excepto*:
    a. ritmo cardíaco acelerado c. secreciones adrenales disminuidas
    b. glándulas sudoríferas activadas d. digestión inhibida ____

22. El equilibrio interno del organismo se denomina:
    a. hematoma c. isquemia
    b. homeostasis d. restauración ____

23. La sistemas nerviosos ___________ y ___________ operan en conjunto para mantener la homeostasis.
    a. simpático, parasimpático c. central, periférico
    b. autonómico, central d. central, simpático ____

24. El masaje aumenta los niveles de todo lo siguiente *excepto*:
    a. dopamina c. norepinefrina
    b. encefalina d. serotonina ____

25. ___________ es la hormona de "pelear o huir" que está activa en el cerebro.
    a. Dopamina c. Norepinefrina
    b. Epinefrina d. Serotonina ____

26. Una declinación de __________ en el cerebro es vinculada con problemas cognitivos y de desplazamiento.
a. adrenalina
b. dopamina
c. epinefrina
d. serotonina ____

27. __________ es un neurotransmisor que promueve una sensación de calma y bienestar.
a. Dopamina
b. Epinefrina
c. Norepinefrina
d. Serotonina ____

28. __________ y __________ están relacionadas con sentimientos de euforia, control del apetito y mejora del sistema immunológico.
a. Adrenalina, dopamina
b. Encefalinas, endorfinas
c. Epinefrina, norepinefrina
d. Serotonina, dopamina ____

29. De acuerdo con la teoría de __________, los efectos positivos del masaje relajante interrumpen la transmisión de las sensaciones de dolor.
a. endorfinas
b. control del dolor
c. control de portal
d. homeostasis ____

30. ¿Cuál de los siguientes es un efecto del masaje en el sistema circulatorio?
a. glóbulos rojos incrementados
b. menor nutrición celular
c. ritmo cardíaco incrementado
d. mayores secreciones adrenales ____

31. Los movimientos del masaje sueco son siempre hacia:
a. los pies
b. la cabeza
c. el corazón
d. la linfa ____

32. ¿Qué técnicas de masaje ocasionan una dilatación casi instantánea, aunque momentánea, de los capilares?
a. golpeteo profundo
b. fricción
c. golpeteo suave
d. percusión ____

33. __________ acelera el flujo sanguíneo a través de las venas superficiales, incrementa la permeabilidad del lecho capilar y aumenta el flujo del fluido intersticial.
a. Compresión
b. Golpeteo profundo
c. Fricción
d. *Petrissage* ____

34. Todas las siguientes dolencias son frecuentemente aliviadas con el tratamiento de masajes a intervalos regulares *excepto*:

a. dolor de cabeza
b. intoxicación
c. dolor de las articulaciones
d. dolor de hombro ____

35. Las contraindicaciones __________ requieren que los terapeutas ajusten el masaje por cuestiones de salud o de modo de evitar malestares o efectos adversos.

a. condicionales
b. regionales
c. absolutas
d. parciales ____

36. La mayoría de las contraindicaciones de masaje son:

a. absolutas
b. condicionales
c. parciales
d. regionales ____

37. ¿Cuál de las siguientes es *no* es una contraindicación importante para el masaje?

a. inflamación
b. temperatura corporal anormal
c. cáncer
d. enfermedad infecciosa aguda ____

38. Todas las siguientes opciones son señales de inflamación *excepto*:

a. calor
b. hinchazón
c. dolor
d. hematoma ____

39. __________ es una dolencia que conduce al deterioro óseo.

a. Inflamación
b. Osteoporosis
c. Edema
d. Flebitis ____

40. ¿Cuál de los siguientes síntomas define mejor la palabra *flebitis*?

a. inflamación de las venas debida a coágulos de sangre
b. coágulos de sangre sueltos y flotando en la sangre
c. inflamación de las venas acompañada con dolor e hinchazón
d. distensión local de una arteria debido a una pared debilitada ____

41. Otra palabra para *magulladura* es:

a. aneurisma
b. contusión
c. edema
d. cicatriz ____

42. ¿Cuáles de los siguientes eventos pueden ocurrir a partir de un desequilibrio de los factores que regulan el intercambio de fluidos entre los capilares y los espacios intersticiales?

a. contusión
b. edema
c. hematoma
d. flebitis ____

43. La enfermedad congénita o genética en la que parte del sistema linfático se desarrolla de manera incompleta se denomina:
   a. malestar generalizado
   b. linfedema primario
   c. linfedema secundario
   d. enfermedad de Vodder ____

44. ____________ es el crecimiento y la diseminación descontrolada de células anormales en el cuerpo.
   a. Aneurisma
   b. Cáncer
   c. Edema
   d. Inflamación ____

45. El masaje está contraindicado en casos de intoxicación porque:
   a. el flujo linfático está restringido
   b. todas las inflamaciones agudas están contraindicadas
   c. la intoxicación ocasiona edema
   d. el masaje puede propagar las toxinas y sobrecargar el hígado ____

46. Durante el segundo y el tercer trimestre del embarazo, ¿qué posición de masaje está contraindicada?
   a. boca abajo
   b. sentada
   c. semi-reclinada
   d. recostada sobre un lado ____

47. Todas las siguientes son enfermedades de la piel para las cuales el masaje está contraindicado *excepto*:
   a. acné
   b. excrecencias cutáneas
   c. verrugas
   d. edema ____

48. ¿Qué sitio de peligro se encuentra ubicado en la parte posterior de la rodilla?
   a. braquial medial
   b. fosa poplítea
   c. axila
   d. triángulo femoral ____

49. ____________ requieren consideración cuando son masajeados debido a sus estructuras anatómicas básicas delicadas y relativamente desprotegidas.
   a. Sitios de presión
   b. Áreas de manipulación
   c. Sitios de peligro
   d. Ubicación del sufrimiento físico ____

Parte 3: Práctica del masaje

CAPÍTULO 7: EQUIPOS Y PRODUCTOS

OPCIÓN MÚLTIPLE

1. Todas las siguientes son maneras en las que los masajistas profesionales demuestran su profesionalismo *excepto*:
   a. aspecto
   b. estados financieros
   c. buenos modales
   d. discurso ____

2. Cuando se toma en cuenta el bienestar del cliente, ¿cuál de los siguientes factores *no* es importante?
   a. ventilación
   b. calor adecuado
   c. iluminación indirecta
   d. mobiliario ____

3. Una encuesta de 1990 indicó que alrededor de __________ de los masajistas ejercen en clubes de salud, complejos turísticos o spas.
   a. un cuarto
   b. un tercio
   c. la mitad
   d. dos tercios ____

4. De acuerdo con una encuesta de 2007 de la Federación de Entidades de Masoterapia, el __________ por ciento de los terapeutas trabajan en su hogar.
   a. 15
   b. 20
   c. 40
   d. 60 ____

5. Cualquiera sea la ubicación del establecimiento de masajes, las normas de limpieza, seguridad y __________ deben observarse.
   a. profesionalismo
   b. relajación
   c. orden
   d. marketing ____

6. Los clientes que ingresan a un establecimiento de masajes serán influenciados por el entorno y:
   a. la ubicación
   b. la iluminación
   c. la gente
   d. ninguna respuesta ____

7. En una práctica de masajes, la principal preocupación es la protección del siguiente elemento del cliente:
   a. salud y bienestar
   b. relajación
   c. interés en el masaje
   d. tiempo y dinero ____

8. ¿Cuál de las siguientes actividades *no* es considerada una de las tres áreas de operación o actividad en una empresa de masajes?
   a. empresa
   b. hidroterapia
   c. masaje
   d. almacenamiento ____

9. En un establecimiento de masajes, las consultas de los clientes son efectuadas generalmente en el área de __________.
   a. hidroterapia
   b. baño
   c. masaje
   d. empresa ____

10. Debido a que el masaje tiende a estimular la __________, cada área de masajes debe tener acceso a un cuarto de baño limpio.
   a. presión arterial
   b. actividad renal
   c. secreción de aceite
   d. circulación sanguínea ____

11. En un establecimiento de masajes típico, ¿cuál de los siguientes elementos se encuentra en el área de masajes?
   a. aceite analgésico
   b. libro de citas
   c. teléfono comercial
   d. champú ____

12. En un establecimiento de masajes, ¿cuál de los siguientes elementos *no* se mantiene en el área comercial?
   a. cojín
   b. sistema de archivado
   c. papelería
   d. teléfono ____

13. En un establecimiento de masajes, el/la __________ debe ser de por lo menos 10 pies de anchura y 12 pies de longitud.
   a. área comercial
   b. baño
   c. sala de masaje
   d. almacén ____

14. El masajista puede sentarse mientras trabaja en todo lo siguiente del cliente *excepto*:
   a. espalda
   b. rostro
   c. los pies
   d. manos ____

15. En el área de masajes, una temperatura de __________ grados F es considerada demasiado cálida.
   a. 65
   b. 72
   c. 75
   d. 78 ____

16. En una sala de masajes que está más fría de lo preferido, ¿cuál de los siguientes elementos se deberá utilizar para asegurar que el cliente no sienta frío?
   a. calor corporal
   b. velas
   c. ropas frescas
   d. almohadillas eléctricas de colchón ____

17. Para una relajación adecuada, el cliente necesita una buena provisión de:
   a. aire fresco
   b. café
   c. ropa de cama
   d. ninguna respuesta ____

18. En el área de masajes, la iluminación preferida es:
a. directa
b. reflectante
c. deslumbrante
d. azul ____

19. ¿Cuál de lo siguiente en el área de masajes puede ser enmascarado utilizando una música sedante?
a. sobrecalentamiento
b. técnicas dolorosas
c. iluminación desapacible
d. ruido externo ____

20. En el área del masaje, el bienestar del cliente y el profesional depende de la camilla de masajes del profesional y:
a. las manos
b. la música
c. el taburete
d. la temperatura ____

21. ¿Cuál de las siguientes es una señal de una camilla de masajes mal construida?
a. chirridos
b. agitación
c. balanceo
d. todas las respuestas ____

22. ¿Cuál de los siguientes *no* es un factor al determinar la altura óptima de una camilla de masajes?
a. tamaño del cliente
b. peso de la camilla
c. estilo de masaje
d. altura del profesional ____

23. Para medir la altura de una camilla de masajes, párese de una manera erguida y relajada y mida la distancia desde el piso hacia:
a. el centro del muslo
b. las puntas de los dedos
c. el centro de la palma
d. un punto de la cintura ____

24. Dolor en todo lo siguiente indica que la camilla de masajes es demasiado alta para el profesional *excepto* dolor en el/la:
a. brazo
b. parte inferior de la espalda
c. hombro
d. parte superior de la espalda ____

25. La anchura óptima de una camilla de masajes, incluida una pulgada adicional de relleno, es de ________ pulgadas.
a. 27
b. 28
c. 29
d. 30 ____

26. Una camilla de masajes más ancha que ________ pulgadas puede resultar incómoda de utilizar.
a. 27
b. 28
c. 29
d. 30 ____

27. Una camilla de masajes que sea de ________ pulgadas de longitud es óptima para los clientes altos.
a. 68
b. 70
c. 72
d. 76 ____

28. ___________ de buena calidad es la mejor cobertura para una camilla de masajes porque es durable y sencilla de mantener limpia.
a. Cuero
b. Aalgodón
c. Vinilo
d. Plástico ____

29. Todas las substancias siguientes hacen que el vinilo se torne quebradizo y se raje, *excepto*:
a. alcohol
b. aceite para el cuerpo
c. blanqueador con cloro
d. detergente suave ____

30. Las provisiones para el rostro le permiten al cliente estar acostado cara abajo con la columna cervical recta, quitando tensión de:
a. cuello y parte inferior de la espalda
b. cuello y parte superior de la espalda
c. cabeza y pecho
d. parte inferior de la espalda y piernas ____

31. ¿Cuál de las siguientes *no* es una característica que se debe considerar cuando se compra una camilla de masajes?
a. cojines
b. estuche de acarreo
c. apoyo del rostro
d. garantía ____

32. Cuando el cliente de masajes está cara abajo, deben colocarse cojines debajo de ___________ para reducir la tensión en la parte inferior de la espalda.
a. los muslos
b. la cabeza
c. los tobillos
d. las rodillas ____

33. Cuando la lavandería se lleva a cabo diariamente para la práctica de masajes, deberá haber suficiente ropa de cama para durar:
a. un día
b. dos días
c. una semana
d. una semana y media ____

34. Las telas para sábanas de uso más habitual en la práctica de masajes incluyen todas las siguientes *excepto*:
a. algodón
b. franela
c. percal
d. vinilo ____

35. Los lubricantes de masaje de uso más difundido son los aceites y:
a. las cremas
b. las lociones
c. los polvos
d. las tinturas ____

36. Los aceites de masaje rancios son problemáticos porque:
a. resecan la piel
b. suministran nutrientes naturales
c. tienen un olor desagradable
d. provocan alergias ____

37. ¿Cuál de los siguientes es un producto basado en aceite *no* recomendado para los masajes?
   a. aceite de oliva
   b. aceite de sésamo
   c. aceite mineral
   d. fécula de maíz ____

38. Un inconveniente del empleo de cremas de masaje es:
   a. alergias de los clientes
   b. alto costo
   c. olor desagradable
   d. calidad extremadamente aceitosa ____

39. ¿Por qué podría el masajista profesional preferir comprar lubricantes de masaje a granel?
   a. más económicos
   b. más fáciles de almacenar
   c. menos propensos a tornarse rancios
   d. mejores costos de envío ____

40. ¿Qué hace que un aceite de masaje se torne rancio?
   a. presión
   b. jugo de limón
   c. aire
   d. aceite esencial ____

41. La fécula de maíz puede ser preferible para los clientes con:
   a. piel seca
   b. piel aceitosa
   c. alergias al perfume
   d. mala circulación ____

42. ¿Qué precaución debe adoptarse cuando se utilizan polvos como lubricantes de masaje?
   a. evitar el contacto directo con la piel
   b. evitar su inhalación
   c. utilizar en pieles aceitosas
   d. utilizar en pequeñas cantidades ____

43. Cuando se realice una comprobación de parche, una pequeña cantidad de producto ensayado se aplica a la siguiente zona del cliente:
   a. mejilla
   b. codo interno
   c. antebrazo
   d. parte inferior de la espalda ____

44. Todos los siguientes eventos indican una reacción a una comprobación de parche *excepto*:
   a. picazón
   b. inflamación
   c. aceitosidad
   d. escozor ____

45. ¿Cuál elemento de los siguientes puede ser utilizado para eliminar el exceso de aceite de la piel del cliente luego de un masaje?
   a. alcohol
   b. jabón antibacteriano
   c. fécula de maíz
   d. detergente suave ____

Parte 3: Práctica del masaje

CAPÍTULO 8: PRÁCTICAS DE HIGIENE Y SEGURIDAD

OPCIÓN MÚLTIPLE

1. Cada estado tiene leyes que hacen la práctica de ___________ obligatoria para la protección de la salud pública.
   a. medicina
   b. empresa
   c. higiene
   d. masaje ____

2. La naturaleza de ___________ determina el grado de los procedimientos de higiene y esterilización.
   a. la empresa
   b. el cliente
   c. la instalación
   d. el profesional ____

3. La principal inquietud sobre higiene para el masajista profesional es que:
   a. los clientes que sean contagiosos no deben ser tratados
   b. todo elemento que entre en contacto con el cliente sea limpio e higiénico
   c. el profesional tenga las pericias requeridas para suministrar masajes en todo el cuerpo
   d. el cliente y el profesional acuerden todos los procedimientos de higiene ____

4. Las manos del profesional deben ser higienizadas mediante lavado con agua caliente y jabón:
   a. al final de cada sesión
   b. al comienzo de la jornada laboral
   c. al final de la jornada laboral
   d. antes de tocar a cada cliente ____

5. Todas las siguientes son causas o fuentes de enfermedad *excepto*:
   a. cáncer
   b. genética
   c. agentes infecciosos
   d. flujo linfático ____

6. Los agentes patógenos causantes de enfermedades pueden ser transmitidos de un huésped infectado a uno nuevo:
   a. directamente
   b. indirectamente
   c. directa o indirectamente
   d. ni directa ni indirectamente ____

7. Para infectar un nuevo huésped, un agente patógeno debe entrar en contacto con o __________ un organismo, y luego encontrar una entrada.
   a. hacer frente a c. reproducirse con
   b. contaminar d. esterilizar ____

8. ¿Cuál de las siguientes *no* es una ruta común de infección?
   a. contacto con la piel c. virus
   b. invasión de la piel d. ingestión ____

9. Los agentes patógenos ingresan al organismo de diversas maneras que pueden ser denominadas rutas de:
   a. arribo c. reproducción
   b. manifestación d. transmisión ____

10. Todas las siguientes son enfermedades ocasionadas por los organismos o parásitos presentes en los alimentos contaminados *excepto*:
    a. giardia c. VIH
    b. hepatitis d. tifus ____

11. Diminutos agentes patógenos arrastrados por el aire pueden ser inhalados a través del contacto cercano con una persona contagiosa que esté:
    a. tosiendo c. hablando
    b. estornudando d. todas las respuestas ____

12. ¿Cuáles de las siguientes enfermedades de transmisión sexual se contrae por contacto directo con los tejidos infectados?
    a. sífilis c. gonorrea
    b. VIH d. herpes ____

13. ¿Cuál es la principal defensa del organismo contra una invasión de agentes patógenos?
    a. guantes estériles c. técnica de aislamiento
    b. piel saludable e intacta d. antígenos ____

14. Cuando la superficie de la piel se agrieta, la posibilidad de __________ aumenta drásticamente.
    a. infección respiratoria c. intoxicación alimentaria
    b. invasión de agentes patógenos d. desinfección ____

15. ¿En cuál de las siguientes zonas del cuerpo existen bacterias?
    a. piel c. secreciones corporales
    b. debajo de las uñas d. todas las respuestas ____

16. Las bacterias son numerosas en todas las siguientes circunstancias *excepto*:
a. suciedad c. basura
b. tejido de organismo saludable d. agua turbia ____

17. *Germen*, ¿es otro nombre para qué agente patógeno?
a. bacteria c. parásito
b. hongo d. virus ____

18. Las bacterias no patógenas son consideradas:
a. beneficiosas c. perjudiciales
b. productoras de enfermedades d. parásitas ____

19. *Espirilo* es una de las tres formas generales de:
a. bacterias c. parásitos
b. hongos d. virus ____

20. El huésped viviente de un parásito debe ser:
a. animal c. planta
b. humano d. todas las respuestas ____

21. Los virus invaden las células vivientes y controlan la actividad celular para producir:
a. antígenos c. hongos
b. bacterias d. más virus ____

22. Un virus puede actuar como un antígeno y hacer que el sistema produzca:
a. VIH c. bacterias
b. anticuerpos d. hongos ____

23. ____________, un grupo diverso de organismos potencialmente en condiciones de causar enfermedades, prosperan o crecen en áreas mojadas o húmedas.
a. Bacterias c. Parásitos
b. Hongos d. Virus ____

24. ¿Cuál de las siguientes enfermedades es ocasionada por un hongo?
a. SIDA c. paperas
b. cándida d. viruela ____

25. ____________ es la capacidad natural del cuerpo para resistir la infección por bacterias nocivas luego de haber ingresado al cuerpo.
a. Patogénesis c. Inflamación
b. Inmunidad d. Leucocitosis ____

26. El organismo produce __________, que inhiben o destruyen las bacterias nocivas.
 a. anticuerpos c. patógenos
 b. antígenos d. parásitos ____

27. ¿Cuál de los siguientes *no* es uno de los tres niveles principales de eliminación de agentes patógenos de implementos y superficies?
 a. desinfección c. higiene
 b. descontaminación d. esterilización ____

28. ¿Qué proceso de remoción de agentes patógenos demora más tiempo?
 a. desinfección c. higiene
 b. descontaminación d. esterilización ____

29. ¿Qué proceso de remoción de agentes patógenos se utiliza para limpiar las manos?
 a. desinfección c. higiene
 b. inmunización d. esterilización ____

30. La principal precaución de un masajista profesional en el control de las infecciones es:
 a. esterilización c. lavado de manos
 b. contaminación d. higiene ____

31. El lavado de las manos después del masaje protege:
 a. al cliente c. al cliente y al profesional
 b. al profesional d. ni al cliente ni al profesional ____

32. Donde se presuma que la ropa de cama haya sido contaminada, se puede añadir __________ al agua del lavado.
 a. cresol c. ácido bórico
 b. Lisol d. blanqueador con cloro ____

33. ¿Cuál de los siguientes es un antiséptico general?
 a. blanqueador con cloro c. cresol
 b. peróxido de hidrógeno d. Lisol ____

34. ¿Cuál de los siguientes es un desinfectante?
 a. agua c. blanqueador con cloro
 b. ácido bórico d. agua y jabón ____

35. De acuerdo con las precauciones universales, todos los fluidos sanguíneos y corporales deberán ser considerados potencialmente infecciosos en enfermedades tales como:
 a. hepatitis A c. VIH
 b. hepatitis C d. todas las respuestas ____

36. Se coloca una tapa a un desinfectante húmedo para impedir que se produzcan:
 a. contaminación
 b. pérdidas
 c. descontaminación
 d. esterilización ____

37. ____________ es el método de hervor de objetos en agua a 212 grados F durante alrededor de 20 minutos.
 a. Descontaminante
 b. Desinfectante
 c. Calor húmedo
 d. Esterilización húmeda ____

38. Un ____________ es utilizado algunas veces en el campo médico para propósitos de esterilización.
 a. autoclave
 b. cresol
 c. desinfectante
 d. desinfectante líquido ____

39. En la práctica de masajes, las superficies, implementos y ropa de cama son desinfectados con:
 a. ácido bórico
 b. blanqueador con cloro
 c. calor húmedo
 d. agua y jabón ____

40. Un almacenamiento adecuado de la ropa de cama es una consideración de seguridad para ____________.
 a. el cliente
 b. la instalación
 c. el profesional
 d. todas las respuestas ____

41. ¿Cuál de las siguientes es una práctica de seguridad recomendada contra incendios?
 a. Almacenar adecuadamente los equipos y la ropa de cama.
 b. Conocer la ubicación del botiquín de primeros auxilios.
 c. Mantener la información sobre números de emergencias exhibida a la vista cerca de todos los teléfonos.
 d. Estar al tanto de los procedimientos de evacuación. ____

42. Los primeros auxilios son una consideración de seguridad del masaje para:
 a. el cliente
 b. la instalación
 c. la camilla
 d. el profesional ____

43. ¿Cuál de las siguientes es una precaución de seguridad clasificada como de seguridad personal de un profesional?
 a. Conocer la ubicación del botiquín de primeros auxilios.
 b. Mantener todos los equipos.
 c. Asegurarse de que todos los pisos de las áreas húmedas sean a prueba de resbalones.
 d. Ayudar a los clientes a ingresar y salir de la camilla de masajes. ____

Parte 3: Práctica del masaje

CAPÍTULO 9: CONSULTA Y DOCUMENTACIÓN

OPCIÓN MÚLTIPLE

1. Los clientes brindan información pertinente sobre quiénes son y por qué están buscando los servicios del terapeuta en/al:
   a. una consulta preliminar
   b. comienzo de la primera sesión de masajes
   c. una reunión a puertas abiertas
   d. final de la primera sesión de masajes ____

2. La extensión de la consulta depende del tipo de servicios de masajes ofrecido y el/la:
   a. tipo de formación que tiene el profesional
   b. razón por la cual el cliente ha venido a la sesión
   c. tarifa horaria del profesional
   d. capacidad de pago del cliente para el tratamiento ____

3. Un cliente relativamente saludable que se presente para un masaje de bienestar requerirá un/una:
   a. consulta larga
   b. derivación de un médico
   c. consulta breve
   d. extenso período de capacitación ____

4. El propósito de seleccionar a los potenciales clientes de masaje es:
   a. ahorrarle tiempo al profesional
   b. eliminar situaciones inadecuadas
   c. ahorrarle tiempo al cliente potencial
   d. todas las respuestas ____

5. ¿Cuál de las siguientes es una pregunta que el masajista profesional *no* debe formular cuando selecciona posibles clientes?
   a. "¿Cómo se enteró de mis servicios?"
   b. "¿Qué experiencia tiene con los masajes?"
   c. "¿Cuál es su principal razón para concertar esta cita?"
   d. "¿Cuánto puede pagar por los servicios de masaje?" ____

6. Durante una consulta, el profesional deberá hacer todo lo siguiente *excepto*:
   a. establecer las políticas
   b. determinar las necesidades del profesional
   c. obtener un consentimiento informado
   d. explicar los procedimientos ____

7. El proceso que ayuda a determinar el curso del tratamiento y establece el tono de la relación terapéutica entre el terapeuta y el cliente es el/la:
   a. consulta c. sesión de SOAP
   b. sesión de masajes d. entrevista inicial ____

8. ¿Cuáles de los siguientes elementos *no* contribuiría a hacer una primera impresión positiva?
   a. Ser cortés y atento
   b. Mantener la consulta relajada.
   c. No saludar a los clientes formalmente.
   d. Estar organizado y listo. ____

9. En una consulta eficaz, el profesional:
   a. explica los procedimientos c. explica las políticas
   b. escucha las necesidades del cliente d. todas las respuestas ____

10. Un(a) buen(a) __________ suministra la base para la confianza, el respeto mutuo, la apertura y la armonía, que mejora el vínculo terapéutico.
   a. primera impresión c. entrevista
   b. entendimiento mutuo d. sesión de masajes ____

11. Todos los siguientes elementos personalizan la conexión entre el cliente y el profesional *excepto*:
   a. mantener el contacto visual c. utilizar el nombre del cliente
   b. escuchar atentamente d. imitar el lenguaje del profesional ____

12. La comunicación no verbal, algunas veces conocida como __________, suministra claves sobre el estado emocional o subconsciente de una persona.
   a. lenguaje corporal c. lenguaje hablado
   b. comunicación verbal d. lenguaje escrito ____

13. La postura corporal, los gestos y las expresiones faciales son ejemplos de:
   a. lenguaje hablado c. comunicación no verbal
   b. expresión verbal d. reálces de la voz ____

14. ¿Cuál de los siguientes síntomas puede indicar que el cliente está experimentando malestar durante una sesión de masajes?
   a. inquietud c. contracciones musculares
   b. respingos d. todas las respuestas ____

15. Las expresiones faciales tales como sonrisas serenas y los sonidos sutiles tales como gemidos brindan __________ al profesional durante la sesión de masajes.
   a. ruido de fondo c. diversión
   b. comentarios d. advertencias ____

16. ¿Cuál de los siguientes es un comportamiento de lenguaje corporal positivo para un profesional que desea parecer abierto e interesado?
a. mantener el contacto visual
b. revolver papeles
c. sentarse detrás de un escritorio
d. estar de espaldas al cliente ____

17. ¿Cuál es el tipo de pregunta preferido al profesional durante una consulta del cliente?
a. respuesta sí o no
b. opción múltiple
c. respuesta explicativa
d. todas las respuestas ____

18. La consulta preliminar es la primera oportunidad para el cliente y el terapeuta de:
a. acordar algunos objetivos
b. clarificar sus intenciones
c. conocerse
d. todas las respuestas ____

19. Antes de proveer un consentimiento informado, el cliente deberá recibir información sobre el masaje, que incluya todo lo siguiente *excepto*:
a. beneficios potenciales del masaje
b. expectativas del masaje
c. nombres de otros masajistas profesionales locales
d. posibles efectos no deseados del masaje ____

20. ¿En qué formato deberán ser presentadas las políticas sobre práctica de masajes?
a. exhibidas en las paredes de la oficina
b. impresas en los formularios de admisión
c. verbalizadas
d. todas las respuestas ____

21. ¿Bajo qué tipo de política serían listadas las afiliaciones profesionales del profesional?
a. empresa
b. honorarios
c. calificaciones del terapeuta
d. servicios ofrecidos ____

22. Todas las siguientes son partes de las políticas para los procedimientos de una sesión *excepto*:
a. procedimientos de vestido
b. limitaciones de la terapia
c. secuencia del masaje
d. uso de aceites o lubricantes ____

23. ¿Cuál de las siguientes es una política comercial para la práctica de masajes?
a. capacitación especial del terapeuta
b. formas de pago aceptadas
c. políticas para los límites sexuales
d. empleo de música durante las sesiones ____

24. ¿Qué pregunta deberá formular el masajista profesional para determinar la expectativa y la preferencia del cliente por el masaje?
    a. ¿Cómo se enteró de nuestros servicios de masajes?
    b. ¿Ha recibido masajes anteriormente?
    c. ¿Ha tenido alguna cirugía?
    d. ¿Qué hace usted con la mayoría de su tiempo? ____

25. Los profesionales pueden preguntarle a sus clientes cómo se enteraron de la práctica de masajes para obtener información respecto de:
    a. posibles problemas de salud
    b. expectativas del cliente
    c. publicidad eficaz
    d. áreas transportadoras de tensión ____

26. Luego de que un cliente indique áreas doloridas en un diagrama corporal, el siguiente paso es hacer que:
    a. cliente ubique las áreas en el cuerpo
    b. profesional tome notas en el diagrama
    c. cliente añada comentarios al diagrama
    d. profesional describa los síntomas del cliente ____

27. Una evaluación preliminar incluye un/una:
    a. historial del cliente
    b. examen
    c. observación
    d. todas las respuestas ____

28. ¿Advertir cómo se desplaza el cliente forma parte de qué sección de la evaluación preliminar?
    a. examen
    b. historial
    c. admisión
    d. observación ____

29. ¿Qué parte de la evaluación preliminar incluye descripciones ofrecidas por los clientes?
    a. examen
    b. historial
    c. admisión
    d. observación ____

30. Un(a) __________ es un esquema que el profesional puede seguir durante varias sesiones cuando brinde tratamiento de masajes.
    a. formulario de admisión
    b. estrategia general del tratamiento
    c. archivo del cliente
    d. plan de tratamiento ____

31. ¿Cuál de los siguientes elementos suministra información anterior sobre el cliente?
    a. formulario de admisión
    b. formulario de historia clínica
    c. formulario de admisión y formulario de historia clínica
    d. ni formulario de admisión ni formulario de historia clínica ____

32. ¿Qué elementos de los siguientes asegura que el cliente haya recibido y comprenda la naturaleza y el grado de los servicios de masajes?
    a. plan de tratamiento
    b. formulario de admisión
    c. historial del cliente
    d. consentimiento informado ____

33. El derecho del cliente a modificar o retirar su consentimiento para continuar el tratamiento en cualquier momento durante cualquier sesión es:
    a. consentimiento informado
    b. derecho a ejercer la práctica
    c. derecho pleno al rechazo
    d. rechazo del tratamiento ____

34. ¿Cuál de las siguientes afirmaciones sobre el consentimiento informado es más exacta?
    a. El profesional podría modificar los procedimientos sin renovar el consentimiento informado.
    b. El consentimiento informado es un proceso continuo.
    c. Una autorización verbal es suficiente para el consentimiento informado.
    d. El consentimiento informado nunca puede ser revocado. ____

35. La información presente en un archivo de cliente incluye todo lo siguiente *excepto*:
    a. solicitudes de empleo
    b. información de admisión
    c. notas de SOAP
    d. plan de tratamiento ____

36. Todas la siguientes son razones para crear y mantener archivos de los clientes *excepto*:
    a. suministrar rápido acceso a la información del cliente
    b. suministrar una base para la creación de planes de tratamiento
    c. suministrar pruebas legales para reducir la responsabilidad del cliente
    d. intercambiar información del cliente con otros profesionales de la salud ____

37. En el acrónimo SOAP de registro de la información del cliente y la sesión, la letra *S* significa:
    a. sensorial
    b. standard
    c. subconsciente
    d. subjetiva ____

38. ¿En qué etapa del proceso de notas de SOAP se anotan los objetivos de tratamiento del terapeuta?
    a. evaluación
    b. objetiva
    c. planificación
    d. subjetiva ____

39. La información suministrada por el cliente sobre una enfermedad molesta, ¿en qué etapa del proceso de notas de SOAP se registra?
    a. evaluación
    b. objetiva
    c. planificación
    d. subjetiva ____

40. ¿En qué etapa del procedimiento de notas de SOAP se registran las recomendaciones sugeridas al cliente?
a. evaluación
b. objetiva
c. planificación
d. subjetiva ____

41. La revisión de los registros actualizados antes de que arribe un cliente para una nueva visita puede refrescar la memoria del profesional sobre:
a. el estado del cliente
b. los tratamientos suministrados
c. las preferencias del cliente
d. todas las respuestas ____

42. Debido que el profesional trabaja a menudo en estrecho contacto con el médico de un cliente cuando se ocupa de ciertas enfermedades físicas:
a. la información puede ser compartida libremente entre el profesional, el médico y el cliente
b. debe preservarse la confidencialidad tanto del cliente como del médico
c. el médico debe divulgar la información del cliente al profesional
d. el profesional debe suministrar información al médico ____

43. Los masajistas profesionales que consideren que antes de comenzar el tratamiento de masajes se debe consultar con los médicos de los clientes deberán:
a. consultar con los médicos
b. obtener autorización por escrito de los clientes
c. obtener autorización verbal de los clientes
d. comenzar los tratamientos de masajes ____

44. Un formulario de distribución de información contiene todos los siguientes elementos *excepto*:
a. nombre del cliente
b. nombre del terapeuta
c. nombre de la persona a la que se le está suministrando información
d. razón para distribuir la información ____

45. La información confidencial del cliente puede ser compartida sin un formulario firmado de distribución de información cuando sea:
a. sea ordenada por un tribunal de justicia
b. solicitada por un médico
c. solicitada por una compañía de seguros
d. considerado necesario por el terapeuta ____

Parte 3: Práctica del masaje

CAPÍTULO 10: MOVIMIENTOS CLÁSICOS DE MASAJE

OPCIÓN MÚLTIPLE

1. ¿Cuáles de los siguientes factores *no* afectan la aplicación y el resultado del masaje?
   a. interacción continua entre el cliente y el terapeuta
   b. duración de la sesión
   c. intención con la que se aplica cada manipulación
   d. objeto de la sesión ____

2. Las seis categorías principales de masaje sueco incluyen todas las siguientes *excepto*:
   a. toque
   b. fricción
   c. manipulación
   d. amasamiento ____

3. ¿Cuál de las siguientes categorías de manipulaciones de masaje sueco incluye retorceduras?
   a. fricción
   b. *effleurage*
   c. movimientos de amasado
   d. movimientos de las articulaciones ____

4. ¿Cuál de los siguientes *no* es un movimiento de amasado en un masaje?
   a. compresión
   b. *petrissage*
   c. rodadura
   d. amasado de la piel ____

5. Golpeteo, cacheteo y toque, ¿ son todos ejemplos de qué tipo de movimiento de masaje?
   a. fricción
   b. deslizamiento
   c. percusión
   d. toque ____

6. ¿Cuál de los siguientes es un tipo de movimiento de masaje vibratorio?
   a. manual
   b. mecánicos
   c. manual y mecánico
   d. ni manual ni mecánico ____

7. ¿Qué tipo de movimiento de masaje se categoriza como pasivo o activo?
   a. fricción
   b. deslizamiento
   c. movimiento de las articulaciones
   d. amasamiento ____

8. ¿La compresión es un ejemplo de qué tipo de movimiento de masaje?
   a. *effleurage* c. amasamiento
   b. fricción d. percusión ____

9. ¿Cuál de los siguientes es un tipo de movimiento deslizante?
   a. recorrido del aura c. abatanamiento
   b. compresión d. rodadura ____

10. Se puede controlar los resultados del tratamiento de masajes cuando el profesional regula todo lo siguiente *excepto*:
    a. intensidad de la presión
    b. duración de cada tipo de manipulación
    c. velocidad de recuperación
    d. velocidad, longitud y dirección del movimiento ____

11. Ligeros movimientos de masaje son aplicados sobre:
    a. tejidos delgados o partes carnosas
    b. tejidos delgados o partes óseas
    c. tejidos gruesos o partes carnosas
    d. tejidos gruesos o partes óseas ____

12. Los movimientos ____________ son aplicados con un ritmo rápido y son estimulantes.
    a. suaves c. ligeros
    b. pesados d. vigorosos ____

13. En el masaje sueco, la mayoría de las manipulaciones son centrípetas, o dirigidas:
    a. alejándose de la cabeza c. hacia la cabeza
    b. alejándose del corazón d. hacia el corazón ____

14. Los movimientos de masaje dirigidos alejándose del corazón se denominan:
    a. céntricos c. centrípetos
    b. centrífugos d. compresión ____

15. Cuando un alumno está aprendiendo masajes, ¿cuánto tiempo le demanda aproximadamente ejecutar un masaje corporal completo?
    a. 30 minutos a una hora c. $1\frac{1}{2}$ a dos horas
    b. una hora d. tres horas ____

16. La colocación de la mano, dedo o parte del cuerpo del profesional sobre el cliente sin desplazamiento en ninguna dirección se denomina:
    a. compresión c. amasamiento
    b. fricción d. toque ____

17. ___________ se refiere a varios recorridos de masaje que manipulan una capa de tejido blando sobre o contra otra.
   a. *Effleurage*
   b. Fricción
   c. Percusión
   d. Toque ____

18. Durante un masaje, ¿cuál constituye el primero y el último contacto del profesional con el cliente?
   a. lenguaje corporal
   b. conclusión
   c. comunicación
   d. toque ____

19. ¿Qué tipo de toque brinda al cliente la oportunidad de tornarse más receptivo al toque y la presencia del profesional?
   a. contacto estacionario
   b. toque superficial no invasivo
   c. vibración
   d. percusión ____

20. Todas las técnicas de masaje utilizan el contacto físico, pero la calidad y el sentido del tacto comunican el/la ___________ y el/la ___________ de los movimientos.
   a. presión, duración
   b. fuerza, significado
   c. velocidad, longitud
   d. intención, potencia ____

21. El toque puede ser notablemente eficaz para:
   a. reducir el dolor
   b. reducir la presión arterial
   c. controlar la irritabilidad de los nervios
   d. todas las respuestas ____

22. ¿Se deberá utilizar una presión profunda cuando se desea qué tipo de efecto?
   a. anestesiante
   b. calmante
   c. estimulante
   d. todas las respuestas ____

23. Para prevenir una autolesión cuando se aplica una presión profunda, ¿qué deberá hacer el masajista profesional de lo siguiente?
   a. ejecutar una buena mecánica corporal
   b. utilizar sólo la base de la mano
   c. aplicar la presión profunda con compresión
   d. utilizar la presión profunda con moderación ____

24. ¿Cuál de los siguientes recorridos deslizantes requieren una muy leve presión de las puntas de los dedos o de las manos, con recorridos prolongados y fluidos?
   a. recorrido del aura
   b. deslizamiento profundo
   c. toques extremadamente ligeros (como el roce de una pluma)
   d. deslizamiento superficial ____

25. ¿Qué movimiento de masaje se denomina también recorrido nervioso?
   a. recorrido del aura
   b. fricción circular
   c. rodadura
   d. toques extremadamente ligeros (como el roce de una pluma) ____

26. La manipulación utilizada más frecuentemente en el masaje sueco u occidental es:
   a. *effleurage*
   b. fricción
   c. amasamiento
   d. vibración ____

27. ¿Cuál de los siguientes elementos *no* es una parte del cuerpo utilizada por el profesional para realizar *effleurage*?
   a. nudillos
   b. palma de la mano
   c. dorso de la mano
   d. dedos ____

28. Sobre áreas pequeñas tales como el rostro o las manos, el *effleurage* se realiza con:
   a. la palma de la mano
   b. los dedos o pulgares
   c. los nudillos
   d. el antebrazo ____

29. ¿Qué movimiento de masaje se utiliza para distribuir el lubricante?
   a. deslizamiento profundo
   b. compresión
   c. deslizamiento superficial
   d. compresión ____

30. Los recorridos deslizantes profundos generalmente:
   a. siguen la dirección de las fibras musculares
   b. fluyen hacia los extremos de los miembros
   c. son dirigidos alejándose del centro del cuerpo
   d. son dirigidos alejándose del flujo linfático ____

31. ____________ es una manipulación que utiliza la suficiente presión como para tener un efecto mecánico.
   a. Compresión
   b. Deslizamiento profundo
   c. Abatanamiento
   d. Percusión ____

32. Los efectos y beneficios del masaje deslizante incluyen todos los siguientes *excepto*:
   a. enfriar el tejido
   b. aliviar el tejido luego de un trabajo profundo
   c. mejorar la circulación linfática
   d. prepara el tejido para un trabajo de masaje deslizante profundo ____

33. ____________ es una técnica de amasado en la que el profesional trata de tomar tejido y levantarlo y extenderlo suavemente.
   a. Palmadas
   b. Abatanamiento
   c. Rodadura
   d. Amasado de la piel ____

34. Los efectos y beneficios del *petrissage* incluyen todos los siguientes *excepto*:
   a. relaja los músculos
   b. mejorar la nutrición celular
   c. reducir los residuos metabólicos
   d. mejorar la sensibilidad a los impulsos nerviosos ____

35. __________ presiona una capa de tejido contra otra capa para aplanar, ensanchar o estirar el tejido.
   a. Compresión
   b. Fricción
   c. *Effleurage*
   d. *Petrissage* ____

36. La fricción direccional puede ser entre fibras o:
   a. centrípeto
   b. longitudinal
   c. circular
   d. superficial ____

37. La intención de __________ es ensanchar, separar y alinear el tejido fibroso.
   a. la compresión
   b. la fricción transversal a la fibra
   c. la fricción circular
   d. el amasamiento ____

38. ¿Qué movimiento de masaje se realiza con toda la mano (lado de la palma) o la base de la mano sobre grandes áreas musculares?
   a. recorrido del aura
   b. abatanamiento
   c. deslizamiento
   d. compresión palmar ____

39. Las variaciones de la fricción utilizadas principalmente para masajear los brazos y las piernas incluyen todo lo siguiente *excepto*:
   a. palmadas
   b. rodadura
   c. vibración
   d. retorcimiento ____

40. ¿En cuál movimiento de fricción las manos estiran y retuercen la carne contra los huesos en direcciones opuestas?
   a. compresión
   b. palmadas
   c. rodadura
   d. retorcimiento ____

41. __________ permite la liberación de la tensión sacudiendo suavemente una parte del cuerpo descansada de manera que la carne se mueva en torno del hueso.
   a. Palmadas
   b. Sacudida
   c. Agitación
   d. Retorcimiento ____

42. ¿Qué movimiento de fricción es más efectivo luego de que los músculos se hayan tensado, tales como luego de un entrenamiento o competencia?
a. palmadas
b. sacudida
c. balanceo
d. retorcimiento ____

43. ¿Qué movimiento de fricción se utiliza a menudo para insensibilizar un punto o área?
a. balanceo
b. agitación
c. vibración
d. retorcimiento ____

44. Para qué desplazamiento de percusión utiliza el profesional una mano suavemente apretada?
a. golpeteo
b. ahuecado
c. golpes con el borde de la mano
d. tamborillear ____

45. ¿Cuál movimiento de percusión es muy estimulante y utiliza un contacto rítmico y visual con el cuerpo?
a. ahuecado
b. golpes con el borde de la mano
c. golpe de palmadas
d. tamborillear ____

46. ____________ es una técnica que usan los terapeutas respiratorios para ayudar a eliminar la congestión pulmonar.
a. Ahuecado
b. Golpes con el borde de la mano
c. Tamborilleo
d. Palmadas ____

47. El movimiento de percusión que consiste en un movimiento rápido de golpeteo que puede realizarse con el lado cubital de una o ambas manos es:
a. golpeteo
b. golpes con el borde de la mano
c. golpe de palmadas
d. tamborillear ____

48. ¿Qué tipo de movimiento de una articulación estira el tejido fibroso y desplaza la articulación a través de su rango de movimiento?
a. activo
b. asistivo activo
c. resistivo activo
d. pasivo ____

49. ¿Qué tipo de sensación de tope es una restricción abrupta al desplazamiento de una articulación debido al dolor?
a. blando
b. duro
c. vacío
d. mullido ____

Parte 3: Práctica del masaje

CAPÍTULO 11: APLICACIÓN DE LA TÉCNICA DE MASAJE

OPCIÓN MÚLTIPLE

1. En el masaje, ¿qué parte(s) del cuerpo suministra(n) la energía del profesional?
   a. los pies
   b. el corazón
   c. pelvis y torso
   d. brazos y manos ____

2. En el masaje, __________ suministran comunicación con el cliente.
   a. la pelvis y el torso
   b. el corazón y los pulmones
   c. las piernas
   d. los brazos y las manos ____

3. Todo lo siguiente contribuye al estrés y podría ocasionar lesiones *excepto*:
   a. masaje terapéutico
   b. postura corporal inadecuada
   c. alineación corporal deficiente
   d. técnica torpe ____

4. El profesional puede experimentar un estado depresivo cuando las energía mental y emocional no están:
   a. incrementadas
   b. reabastecidas
   c. sostenidas
   d. todas las respuestas ____

5. Las mecánicas corporales son estudiadas e incorporadas a:
   a. conservar la energía
   b. incrementar la potencia
   c. reducir las posibilidades de lesiones
   d. todas las respuestas ____

6. ¿Qué de lo siguiente es importante para mantener el ritmo y el control regulares cuando se realizan movimientos lentos o rápidos?
   a. flexibilidad de las manos
   b. movilidad de las manos
   c. posición de las manos
   d. tamaño de las manos ____

7. ¿Cuál de las siguientes características de las manos ayudan a trabajar los contornos del cuerpo del cliente y controlar la velocidad y la presión?
   a. flexibilidad
   b. movilidad
   c. tamaño
   d. fuerza ____

8. Además de manos bien entrenadas, ¿cuáles de los siguientes elementos debe tener el terapeuta para desplazarse eficientemente mientras aplica diversos movimientos de masaje?
   a. buen sentido del equilibrio
   b. control corporal
   c. buen sentido del equilibrio y el control corporal
   d. ni buen sentido del equilibrio ni control corporal ____

9. __________ del cuerpo es la observación de las posturas corporales relacionadas con un desplazamiento seguro y eficiente en las actividades cotidianas.
   a. La fuerza
   b. La mecánica
   c. El peso
   d. La movilidad ____

10. ¿Una postura permanente hacia adelante de la cabeza puede causar qué tipo de dolor?
    a. parte superior de la espalda
    b. mano y muñeca
    c. parte inferior de la espalda
    d. cuello y hombro ____

11. Para proteger las manos, ¿qué deberá utilizar el profesional cuando aplique presión con los dedos o el pulgar?
    a. lado palmar acolchonado del pulgar y dedos
    b. pulgar únicamente
    c. puntas de los dedos
    d. todas las respuestas ____

12. Es mejor utilizar el/los __________ y __________ para aplicar una presión profunda.
    a. antebrazo, codo
    b. dedos, palma
    c. mano, muñeca
    d. mano, antebrazo ____

13. Al mantener las manos relativamente cerca del centro del cuerpo, las rodillas levemente flexionadas y los pies separados, el profesional:
    a. alinea la espalda
    b. utiliza los músculos de los brazos para suministrar recorridos de masaje
    c. utiliza los músculos de las piernas para suministrar recorridos de masaje
    d. tensiona la espalda ____

14. El/La __________ es directamente proporcional al grado de estrés y de desviación biomecánica.
    a. riesgo de lesiones
    b. movilidad
    c. equilibrio
    d. postura corporal ____

15. Con el transcurso del tiempo, una mecánica corporal deficiente se torna en __________ que ocasiona desviaciones estructurales.
   a. desviaciones musculares
   b. lesiones repetitivas por estrés
   c. ejercicios de fuerza
   d. malos hábitos posturales ____

16. Cuando el esfuerzo de la actividad muscular o incluso la gravedad se añaden a una estructura biomecánicamente endeble, ¿cuál de las siguientes cosas ocurre?
   a. disfunción
   b. lesión
   c. dolor
   d. todas las respuestas ____

17. ¿Cuál de las siguientes ayudas equilibran y permiten el suministro de recorridos de masaje más firmes, potentes y directos?
   a. postura corporal correcta
   b. posiciones correctas de los pies
   c. postura corporal correcta y posiciones adecuadas de los pies
   d. ni una postura corporal correcta ni posiciones adecuadas de los pies ____

18. La posición más cómoda cuando se efectúa *petrissage* sobre las piernas o la espalda es:
   a. posición de arquero
   b. posición del oso
   c. caballo
   d. rueda ____

19. En la posición del caballo, los hombros deberán estar:
   a. curvados
   b. cómodamente elevados
   c. caídos y hacia atrás
   d. flexionados ____

20. Una camilla de masajes que sea demasiado alta podría ocasionar:
   a. lesiones en la muñeca
   b. tensión en los hombros
   c. malestar en la parte inferior de la espalda
   d. tensión en el cuello ____

21. Cuando se ejecuta un masaje, los hombros, las caderas y los pies del terapeuta deberán estar dirigidos hacia:
   a. la cabeza del cliente
   b. la camilla de masajes
   c. los pies del cliente
   d. el lugar donde están trabajando las manos ____

22. Cuando aplique técnicas que requieran tracción, el profesional deberá:
   a. asir al cliente
   b. echar su cuerpo hacia atrás
   c. poner más peso sobre el pie delantero
   d. todas las respuestas ____

23. Cuando se aplica una presión profunda, el profesional deberá utilizar la mano o el brazo que está __________ para hacer contacto con el cliente y aplicar presión.
   a. contralateral hacia el pie trasero
   b. de espaldas al cliente
   c. más cercano a la camilla de masajes
   d. más fuerte ____

24. Para proteger los nervios y demás estructuras que atraviesan el túnel carpiano, los ángulos en el/la __________ deberán siempre exceder de 110 grados.
   a. brazo
   b. hombro
   c. cintura
   d. muñeca ____

25. El profesional puede estar sentado cuando trabaja sobre todos las siguientes partes del cuerpo *excepto* el/los:
   a. espalda
   b. pies
   c. cabeza
   d. hombros ____

26. El concepto de que el cuerpo humano tiene un centro geográfico alrededor de dos pulgadas debajo del ombligo se denomina:
   a. centrado
   b. puesta a tierra
   c. artes marciales
   d. masaje espacial ____

27. El concepto de que el profesional tiene una conexión con el cliente y trabaja para ayudar al cliente a liberar la tensión se denomina:
   a. balanceo
   b. centrado
   c. puesta a tierra
   d. shiatsu ____

28. *Tan tien* es un concepto chino que se refiere a:
   a. masaje
   b. el centro del cuerpo
   c. equilibrio
   d. puesta a tierra ____

29. Estar __________ podría hacerlo sentir inseguro e inestable.
   a. centrado
   b. seguro de sí mismo
   c. negativo
   d. descentrado ____

30. __________ se logra visualizando mentalmente a usted mismo como teniendo la capacidad de absorber desde una potencia o energía más grande.
   a. Mecánica corporal
   b. Centrar
   c. Seguridad
   d. Poner a tierra ____

31. ¿Cuál de los siguientes ejercicios es un movimiento similar al de lustrado de un automóvil?
   a. posición de arquero
   b. moler grano
   c. caballo
   d. rueda ____

32. Al comienzo del ejercicio de la rueda, los pies deberán estar:
   a. alineados con la camilla de masajes
   b. separados alrededor de 6 pulgadas (15 cm)
   c. separados alrededor de 12 pulgadas (30 cm)
   d. juntos ____

33. En el ejercicio de la rueda, ¿qué porcentaje de peso se desplaza de un pie al otro?
   a. 50
   b. 80
   c. 90
   d. 100 ____

34. ¿El avance y repliegue es una variación de qué ejercicio?
   a. árbol
   b. moler grano
   c. rueda
   d. posición de arquero ____

35. En el avance y repliegue, los pies están óptimamente ____________ a ____________ pulgadas entre sí.
   a. 6, 8
   b. 12, 14
   c. 12, 18
   d. 16, 32 ____

36. En el avance y repliegue, ¿dónde está el movimiento principal?
   a. brazos y manos
   b. caderas y pelvis
   c. piernas y pies
   d. brazos y piernas ____

37. ¿La postura corporal y la concentración son enfatizadas en qué ejercicio?
   a. avance y retroceso
   b. moler grano
   c. árbol
   d. rueda ____

38. En el ejercicio del árbol, es importante mantener la postura durante unos ____________ minutos.
   a. 2
   b. 3
   c. 4
   d. 5 ____

39. Los ejercicios tales como moler maíz y el de la rueda mejoran todas las siguientes dolencias *excepto*:
   a. coordinación
   b. respiración correcta
   c. peso corporal
   d. postura corporal erecta ____

40. Las reglas básicas para los procedimientos de masaje seguros y eficaces incluyen tener uñas que estén:
   a. cortas
   b. pintadas de colores neutros
   c. sin pintar
   d. todas las respuestas ____

41. De acuerdo con las reglas básicas para un masaje seguro y eficaz, el masaje deberá ser evitado:
    a. cuando el cliente está fatigado
    b. cuando la sala de masajes está calurosa
    c. inmediatamente después de que el cliente haya ingerido una comida
    d. cuando el cliente está estresado ____

42. De acuerdo con las reglas básicas del masaje seguro, el profesional nunca deberá utilizar ninguna forma de recorrido pesado:
    a. cuando el cliente está fatigado
    b. hacia el corazón
    c. sobre la espalda del cliente
    d. contra el suministro de sangre venosa ____

Parte 3: Práctica del masaje

CAPÍTULO 12: PROCEDIMIENTOS PARA DAR UN MASAJE CORPORAL COMPLETO

OPCIÓN MÚLTIPLE

1. En la entrevista preliminar, el masajista debe obtener un(a) ____________ firmado(a) con la explicación de los servicios y las calificaciones del masajista.
   a. liberación de responsabilidad
   b. formulario de divulgación de información
   c. manual de políticas para el empleado
   d. documento de consentimiento informado ____

2. ¿Cuál de las siguientes opciones es una de las dos preguntas que suelen hacerse sobre el masaje?
   a. ¿Cuánto durará el masaje?
   b. ¿Dónde dejo mis pertenencias?
   c. ¿Tengo que sacarme la ropa?
   d. ¿Ofrecen hidroterapia? ____

3. ¿Qué se usa para respetar el pudor del cliente?
   a. atención personal
   b. mantas y sábanas
   c. aire acondicionado
   d. lubricantes ____

4. Cuando un cliente está boca arriba, se colocan cojines:
   a. debajo del cuello
   b. debajo de las rodillas
   c. debajo de los tobillos
   d. sobre el abdomen ____

5. Cuando sea necesario, ____________ pueden reemplazar a los cojines de espuma de alta densidad durante el masaje.
   a. las toallas
   b. las almohadas firmes
   c. las colchonetas eléctricas
   d. una pila de libros ____

6. Elevar ____________ del cliente 6 a 8 pulgadas ayuda al masajista a trabajar sobre la espalda con mayor eficiencia.
   a. el abdomen
   b. la espalda
   c. las rodillas
   d. el cuello ____

7. Cuando un cliente está en posición __________, se coloca una almohada o cojín debajo de la cabeza para mantener alineada la columna cervical.
a. boca abajo
b. torcida
c. de costado
d. boca arriba ____

8. ¿Qué posición permite un excelente acceso cuando se trabaja en la parte interna o externa del muslo y al costado del cuello?
a. boca abajo
b. de costado
c. reversa
d. boca arriba ____

9. Todos los cojines y almohadas que entran en contacto directo con el cliente deben tener fundas de tela removibles que se cambian:
a. para cada movimiento
b. dos veces por día
c. semanalmente
d. para cada cliente ____

10. Todas las siguientes opciones aceleran el ritmo de pérdida de calor del cuerpo *excepto*:
a. los lubricantes para masajes
b. la posición sentada
c. la transpiración
d. la posición reclinada ____

11. El masaje estimula __________, lo que afecta la temperatura corporal basal, por lo que el cliente se enfría más fácilmente.
a. los riñones
b. el sistema nervioso central
c. la tiroides
d. el sistema nervioso parasimpático ____

12. Si la sala de masaje está por debajo de los __________ grados F, deben tomarse precauciones adicionales para asegurarse de que el cliente conserve el calor.
a. 72
b. 75
c. 78
d. 80 ____

13. ¿En qué método de cobertura se usa una cubierta para la camilla junto con una cubierta superior lo suficientemente grande como para cubrir el cuerpo entero?
a. manta de abrigo
b. sábana completa
c. cubierta superior
d. vestidores ____

14. En el método de la manta de abrigo, cuando el cliente está acostado sobre la camilla, se disponen dos toallas en forma de __________.
a. A
b. L
c. S
d. T ____

15. En el método de cobertura con sábana completa, una sábana completa de tamaño grande de ________ pulgadas, cubre la camilla y envuelve al cliente.
    a. 60 c. 80
    b. 75 d. 100 ____

16. En la práctica del masaje, debe usarse ropa blanca limpia:
    a. todos los días c. para cada movimiento
    b. para cada cliente d. semanalmente ____

17. En el método de la manta de abrigo, ¿cuál de las siguientes opciones puede usarse como cobertura?
    a. sábana de plaza y media c. toallón de baño grande
    b. dos toallas de baño d. todas las respuestas ____

18. Las actitudes suelen comunicarse a través de ________ y ________ con las personas, al igual que se hace con las palabras.
    a. interacciones, desacuerdos c. intereses, tratos
    b. acciones, contacto físico d. conversaciones, correos electrónicos ____

19. Antes de empezar el masaje corporal profesional, es importante ________ cliente.
    a. criticar al c. ponerse en sintonía con el
    b. cobrar al d. referir al ____

20. Cuando el cliente está en plena relajación con los ojos cerrados, la única comunicación es:
    a. el contacto ocular c. verbal
    b. escrita d. el tacto ____

21. La secuencia del masaje puede definirse como:
    a. el tipo de masaje que se practica c. la preparación para un masaje
    b. el patrón o el diseño de un masaje d. la duración de un masaje ____

22. La secuencia de un masaje siempre es lo suficientemente ________ como para satisfacer las necesidades individuales del cliente.
    a. interesante c. restringida
    b. exigente d. flexible ____

23. Cuando se hace un masaje, las ventajas de trabajar de lo general a lo específico incluyen todas las siguientes opciones *excepto*:
   a. menos espasmos
   b. alivio de la congestión
   c. menor circulación
   d. alivio de la condición isquémica ____

24. El paso final del masaje de bienestar relajante es:
   a. aplicar effleurage
   b. aplicar toques extremadamente ligeros (como el roce de una pluma)
   c. usar effleurage para aplicar lubricante
   d. volver a cubrir la parte del cuerpo masajeada ____

25. Para aplicar el lubricante con eficiencia, use __________ para cubrir el área que se va a masajear.
   a. petrissage
   b. toques superficiales
   c. tapotement
   d. fricción ____

26. Para que el cliente respire completa y profundamente, dígale que respire profundamente por la nariz para que se expanda ¿qué zona del cuerpo en primer lugar?
   a. abdominal
   b. el pecho
   c. la boca
   d. la nariz ____

27. Algunos clientes no se sienten cómodos con el masaje de las orejas porque:
   a. puede provocar infecciones del oído
   b. el oído externo es muy sensible
   c. el oído interno es muy sensible al tacto
   d. ninguna respuesta ____

28. ¿Qué países han desarrollado terapias auriculares con la teoría de que los puntos del oído externo están relacionados con cada área y órgano del cuerpo por medio de reflejo?
   a. Inglaterra, España
   b. India, China
   c. Francia, China
   d. Alemania, Suecia ____

29. ¿El masaje de la oreja comienza con qué movimiento de masaje?
   a. petrissage
   b. deslizamientos
   c. fricción circular
   d. masaje del aura ____

30. Para prepararse para el masaje de la región abdominal, se debe colocar un cojín o una almohada:
   a. detrás del cuello del cliente
   b. debajo de las caderas del cliente
   c. detrás de las rodillas del cliente
   d. debajo de los tobillos del cliente ____

31. Un movimiento opcional usado como toque final de un masaje corporal completo es:

a. petrissage en el cuello
b. una leve presión en el sacro
c. un movimiento de balanceo leve
d. deslizamientos hacia el cuello ____

32. El día de un masaje por la tarde, el cliente debe beber __________ cuarto(s) de galón de agua.

a. 1
b. 2
c. 4
d. 0 ____

33. Los efectos tardíos del masaje pueden incluir todos los siguientes *excepto*:

a. molestia estomacal
b. dolor de cabeza fuerte
c. leve dolor de cabeza
d. náuseas ____

Parte 3: Práctica del masaje

CAPÍTULO 13: HIDROTERAPIA

OPCIÓN MÚLTIPLE

1. Los tres estados del agua incluyen los siguientes *excepto*:
   a. líquido
   b. gel
   c. hielo
   d. vapor ____

2. ¿Cuál de los siguientes se conoce como solvente universal?
   a. agua
   b. jabón
   c. agua y jabón
   d. ni agua ni jabón ____

3. El agua tiene la capacidad de ____________ calor.
   a. absorber
   b. conducir
   c. absorber y conducir
   d. ni absorber ni conducir ____

4. ¿De qué manera se utiliza el agua para los baños faciales y de vapor?
   a. líquida
   b. sólida
   c. vapor
   d. todas las respuestas ____

5. ¿La aplicación de agua a temperaturas superiores o inferiores a la temperatura corporal crea cuáles de los siguientes efectos?
   a. químicos
   b. mecánicos
   c. térmicos
   d. terapéuticos ____

6. Los efectos ____________ son producidos por la presión ejercida sobre la superficie del cuerpo por los rocíos, los baños de hidromasaje y la fricción.
   a. químicos
   b. mecánicas
   c. térmicos
   d. terapias ____

7. La flotación reduce el peso de un objeto sumergido en agua de acuerdo con el/la:
   a. peso del agua
   b. temperatura del objeto
   c. volumen de agua desplazado por el objeto
   d. todas las respuestas ____

8. La ____________ reduce la fuerza de gravedad y hace posible desplazar, flotar o ejercitar en un ambiente casi sin gravedad.
   a. crioterapia
   b. flotación
   c. hipertermia
   d. termoterapia ____

9. La temperatura básica normal del cuerpo humano es de ________ grados F.
   a. 103.0
   b. 98.6
   c. 92.8
   d. 37.9 ____

10. Cuando se aplica a la piel agua a una temperatura diferente de la de la misma, el agua ________ el calor.
   a. transfiere
   b. absorbe
   c. transfiere o absorbe
   d. ni transfiere ni absorbe ____

11. ¿Qué de lo siguiente afecta la diferencia entre la temperatura del agua y la temperatura de la piel?
   a. tejido conectivo
   b. vasos sanguíneos
   c. nervios
   d. todas las respuestas ____

12. Cuando la temperatura de un tratamiento es igual que la temperatura corporal, ¿cuál de los siguientes eventos ocurre?
   a. estimulación
   b. actividad metabólica deprimida
   c. vasodilatación
   d. ningún efecto térmico ____

13. Las aplicaciones en todo el cuerpo de calor o frío tienen efectos ________ .
   a. locales
   b. sistémicos
   c. locales y sistémicos
   d. ni locales ni sistémicos ____

14. A baja temperatura, ¿el agua produce qué tipo de sensación corporal?
   a. erupciones
   b. estrías
   c. piel de gallina
   d. todas las respuestas ____

15. La aplicación de calor a todo el cuerpo ocasiona todo lo siguiente *excepto*:
   a. menor cantidad de glóbulos blancos
   b. frecuencia del pulso acelerada
   c. transpiración profusa
   d. reacción similar a la fiebre ____

16. ¿Qué de lo siguiente no es ocasionado por la aplicación de calor local?
   a. enrojecimiento local
   b. reducción del metabolismo
   c. analgesia leve
   d. relajación de la musculatura local ____

17. La reducción de la temperatura corporal ocasionada por la aplicación de frío en todo el cuerpo es:
a. vasodilatación
b. hipotermia
c. hipertermia
d. vasoconstricción ____

18. ¿Con cuál de las siguientes aplicaciones se endurece la fascia?
a. frío inicial
b. frío prolongado
c. calor inicial
d. calor prolongado ____

19. ¿Cuál de las siguientes aplicaciones disminuye la respiración?
a. frío inicial
b. frío prolongado
c. calor inicial
d. todas las respuestas ____

20. Todas las siguientes son contraindicaciones para los tratamientos con agua que involucren aplicaciones calientes o frías *excepto*:
a. deterioro cardíaco
b. diabetes
c. enfermedad pulmonar
d. infección urinaria ____

21. La crioterapia es la aplicación de agentes ____________ para propósitos terapéuticos.
a. frío
b. calientes
c. calientes y fríos
d. ni calientes ni fríos ____

22. La tercera sensación durante la aplicación prolongada de hielo es:
a. fríos
b. quemadura
c. dolor
d. entumecimiento ____

23. En el acrónimo CBAN para sensaciones frías, la letra *N* significa:
a. advertencia (notice)
b. entumecimiento (numbness)
c. neuralgia
d. natural ____

24. En el acrónimo RICE para el tratamiento de primeros auxilios, la *I* significa:
a. hielo (ice)
b. isquemia
c. intención
d. lesión (injury) ____

25. La terapia de contraste es la aplicación alternada de:
a. calor
b. frío
c. calor y frío
d. ni calor ni frío ____

26. ¿Cuál de los siguientes es un efecto inmediato de las aplicaciones de frío?
a. la piel se relaja
b. los vasos sanguíneos superficiales se dilatan
c. los vasos sanguíneos superficiales se contraen
d. la sensibilidad de los nervios aumenta ____

27. ¿Cuál de las siguientes acciones trata eficazmente la inflamación aguda de las articulaciones y los nervios?
a. compresas calientes
b. paquetes de hielo
c. rocíos enfriadores de los vasos
d. baños de inmersión ____

28. Una manera económica y práctica de confeccionar un paquete de hielo reutilizable es congelar una parte de __________ a dos partes de agua en una bolsa plástica sellable.
a. alcohol isopropílico
b. hielo
c. anticongelante
d. gel químico ____

29. ¿Qué método de crioterapia, cuando es aplicado a la piel, se evapora muy rápidamente, ocasionando un enfriamiento rápido de la piel?
a. compresa fría
b. paquete de hielo
c. rocío enfriador de los vasos
d. equipo compresor ____

30. ¿Cuál de las siguientes acciones transfiere calor por conducción?
a. sauna
b. rayos infrarrojos
c. ultrasonido
d. baño de inmersión ____

31. Un baño de vapor transfiere calor mediante:
a. conducción
b. convección
c. radiación
d. conversión ____

32. Las aplicaciones moderadamente calientes tienen todos los siguientes efectos *excepto*:
a. relajación muscular
b. actividad metabólica promovida
c. transpiración profusa
d. relajación de los vasos sanguíneos ____

33. La selección de la modalidad de una aplicación de calor depende de:
a. la parte del cuerpo a ser tratada
b. el estado de la parte del cuerpo a ser tratada
c. los objetivos de la aplicación
d. todas las respuestas ____

34. ¿Cuál de las siguientes es una modalidad de calor seco?
a. ultrasonido
b. baño
c. envoltura
d. compresión ____

35. Un paquete de arroz es un ejemplo de una modalidad de calor __________.
a. seco
b. húmedo
c. por diatermia
d. por ultrasonido ____

36. En la diatermia, el calor es producido mediante un/una:
   a. elemento
   b. vibración iónica
   c. bulbo
   d. todas las respuestas ____

37. El/La __________ es un sólido ceroso blanco o incoloro que se mezcla con aceite mineral y se calienta en un aparato especial.
   a. gel de sílice
   b. parafina
   c. loción
   d. aceite esencial ____

38. El/La __________ es una ducha horizontal multicabezales utilizada en un recinto mojado donde los clientes reciben masajes u otros tratamientos de spa.
   a. ducha suiza
   b. irrigador
   c. ducha Vichy
   d. baño de asiento ____

39. El baño o ducha fría promedio se deberá limitar a __________ a __________ minutos.
   a. 1, 2
   b. 3, 5
   c. 4, 8
   d. 10, 15 ____

40. Los clientes que se quejan de reacciones desagradables durante los baños calientes deberán recibir compresas frías:
   a. en la frente
   b. en la parte trasera del cuello
   c. en la frente y parte trasera del cuello
   d. ni la frente ni la parte trasera del cuello ____

41. El primer paso en un procedimiento de baño de inmersión es:
   a. llenar la bañera
   b. verificar la temperatura de la habitación
   c. comprobar la temperatura del agua
   d. higienizar la bañera ____

42. ¿Qué baño es a menudo indicado por los médicos como parte de la terapia física para enfermedades tales como artritis, esguinces y torceduras?
   a. inmersión
   b. neutral
   c. hidromasaje
   d. baño de asiento ____

43. El/La __________ está construido/a en una posición vertical o de reclinación para acomodar el cuerpo del cliente dejando la cabeza al descubierto.
   a. sauna
   b. baño de vapor
   c. compartimiento de baño
   d. ducha Vichy ____

44. Los baños en la terapia de contraste deberán siempre finalizar con una inmersión en la bañera ___________.

a. caliente
b. fría
c. caliente y fría
d. ni caliente ni fría ____

Parte 3: Práctica del masaje

CAPÍTULO 14: EL MASAJE EN EL ENTORNO DEL SPA

OPCIÓN MÚLTIPLE

1. La asociación mundial de spa más abarcativa, que fue fundada en 1991, es:
   a. *Day Spa Association*
   c. *Medical Spa Association*
   b. *International Spa Association*
   d. *Spa Canada* ____

2. En la antigua Roma, los primeros spa se encontraban a menudo en sitios a los cuales el agua natural de manantial era redirigida a través de:
   a. líneas de spa c. baños turcos
   b. servicios de spa d. acueductos ____

3. La palabra *spa* deriva muy probablemente del verbo latino *spagere*, que significa:
   a. proteger c. crecer
   b. rociar d. hablar ____

4. Durante el apogeo del imperio romano, el ciudadano promedio utilizaba __________ galones de agua por día.
   a. 50 c. 200
   b. 100 d. 300 ____

5. ¿Cuántas personas podían acomodar los mayores baños romanos de la antigüedad?
   a. 10 a 50 c. cientos
   b. 100 d. miles ____

6. Los baños turcos de vapor, denominados __________, formaban parte de muchas mezquitas hasta que alcanzaron su propia importancia arquitectónica y cultural.
   a. termas c. baños turcos
   b. aguas termales onsen d. saunas tipo bania ____

7. La palabra *hammam (baño turco)* significa en árabe __________.
   a. propagador de calidez c. baño caliente
   b. agua de manantial d. agua para la salud ____

8. Los/Las __________ japoneses/as ofrecen baños de diversas temperaturas y tratamientos que incluyen masajes e hidroterapia.
   a. sauna tipo bania
   b. baños turcos
   c. aguas termales onsen
   d. termas ____

9. La palabra alemana *kur* se convirtió en sinónimo de *spa* en el el siglo XIX cuando __________ bautizó su nuevo sistema de curación con ese nombre.
   a. Mary Nelson
   b. Sebastian Kneipp
   c. Mel Zuckerman
   d. Rene Gattfosse ____

10. El recinto de los indígenas estadounidenses en el cual los participantes vierten agua sobre piedras caldeadas para generar calor mientras oran y cantan es un/a:
   a. kiva
   b. aguas termales onsen
   c. cabina de sudación
   d. termas ____

11. El primer spa moderno que se concentró en la salud holística fue el __________, que abrió en California a fines de la década de 1950.
   a. Golden Door
   b. Canyon Ranch
   c. Esalen Lodge
   d. Joy Spring Day Spa ____

12. De acuerdo con el informe de 2007 de la industria del spa, ¿cuántos spa había en los EE.UU. en 2007?
   a. 2,674
   b. 5,500
   c. 14,600
   d. 25,000 ____

13. De los servicios corporales realizados en los spa durante 2007, el más popular fue:
   a. hidroterapia
   b. masoterapia
   c. baños de barro
   d. baños de vapor ____

14. ¿Cuál de las siguientes afirmaciones sobre los frecuentadores de spa es exacta?
   a. La mayoría de los frecuentadores de spa son mujeres.
   b. La edad promedio del cliente de un spa es de 40 años.
   c. El frecuentador promedio de los spa informa un ingreso anual de más de $70,000.
   d. todas las respuestas ____

15. Un spa en un crucero es un ejemplo de un spa de tipo __________.
   a. destino
   b. día
   c. club
   d. complejo turístico ____

16. El antiguo sistema indio de medicina y curación que ha sido modificado en los últimos años para su empleo en los tratamientos de spa es:
   a. kiva
   b. ayurveda
   c. talasoterapia
   d. aromaterapia ____

17. Los empleados de un spa que asignan tratamientos, terapeutas y servicios adecuados a los huéspedes se denominan especialistas en admisión o:
   a. coordinadores de terapias
   b. terapeutas de spa
   c. coordinadores de hospitalidad
   d. todas las respuestas ____

18. Para permitir un tiempo de preparación, es necesario finalizar un masaje al menos __________ minutos antes de que esté programado el comienzo del tratamiento siguiente.
   a. 5
   b. 10
   c. 15
   d. 20 ____

19. En la mayoría de los spa, el típico período de tiempo requerido para un masaje corporal completo es __________ minutos.
   a. 25
   b. 50 a 60
   c. 75 a 80
   d. 90 ____

20. ¿Cuáles de las siguientes *no* es una pauta para saludar a los huéspedes del spa?
   a. Estrechar la mano firmemente.
   b. Hablar lenta y claramente.
   c. No solicitar propinas ni regalos
   d. Ofrecer refrescos saludables durante el masaje. ____

21. La higiene en la sala de tratamiento durante el día es en última instancia de responsabilidad de:
   a. el técnico del spa
   b. el masajista
   c. el equipo de limpieza
   d. el especialista de registro ____

22. La expresión *masaje de spa* ¿generalmente a qué tipo de masaje se refiere?
   a. sueco
   b. reiki
   c. shiatsu
   d. hidroterapia ____

23. ¿Cuál de las siguientes *no* es una razón que haga dificultoso a los masajistas de un spa brindar masajes terapéuticos de alta calidad permanentemente?
   a. restricciones de tiempo
   b. sueldos bajos
   c. bajas expectativas
   d. clientes inexpertos ____

24. ¿Qué tipo de masoterapia aborda las anormalidades de los tejidos flexibles para reducir la tirantez, el dolor, y las disfunciones patológicas?
   a. reiki
   b. watsu
   c. bienestar/relajación
   d. neuromuscular ____

25. ____________ es un antiguo sistema de masajes que incluye la estimulación de los puntos de presión y un estiramiento similar al del yoga para mejorar la salud y el bienestar.
   a. Reiki
   b. Masaje thai
   c. Watsu
   d. Shiatsu ____

26. ¿Las maneras de convertir un masaje de spa en una experiencia única incluyen cuál de las siguientes?
   a. apuntar a áreas de problemas
   b. concentrarse en la respiración del cliente
   c. evitar estados depresivos
   d. todas las respuestas ____

27. En el masaje con piedras, piedras generalmente hechas de ____________ son enfriadas y aplicadas a la piel para complementar los efectos del calor.
   a. basalto
   b. mármol
   c. cuarzo
   d. pizarra ____

28. Uno de los efectos más importantes de los masajes con piedras se deriva de su uso alternado de piedras calientes y frías, que es una forma de:
   a. terapia de contraste
   b. masaje sueco
   c. reiki
   d. shiatsu ____

29. Para obtener una higiene adecuada, las piedras de masaje deberán ser limpiadas con ____________ luego de cada uso y antes del reemplazo del equipo calefactor.
   a. alcohol
   b. jabón antibacteriano
   c. blanqueador
   d. aceite para masajes ____

30. Las enfermedades *no* contraindicadas para el masaje con piedras, pero que para las cuales se deberá tener el consentimiento médico, incluyen todas las siguientes *excepto*:
   a. problemas circulatorios
   b. presión arterial alta
   c. enfermedad infecciosa de la piel
   d. Mal de Parkinson ____

31. En el masaje con piedras, las piedras pueden ser colocadas debajo del cuerpo del cliente en ubicaciones estratégicas tales como:
a. cresta occipital
b. glúteos
c. hombro
d. todas las respuestas ____

32. El cepillado en seco, el pulido del cuerpo y el brillo con sal marina son formas de:
a. aromaterapia
b. exfoliación
c. parafango
d. watsu ____

33. Parafina y fango son combinados para hacer __________ para su empleo en envolturas de spa y aplicaciones localizadas.
a. fango de cera
b. barro de paraíso
c. parafango
d. barro de spa ____

34. Cuando los contenidos minerales y gaseosos del agua son utilizados terapéuticamente, esto se denomina:
a. ducha escocesa
b. balneoterapia
c. watsu
d. ducha Vichy ____

35. Las contraindicaciones para el uso del baño de vapor incluyen todas las siguientes *excepto*:
a. diabetes
b. hipertensión
c. presión arterial baja
d. embarazo ____

36. El empleo de agua de mar o productos marinos (aceites, extractos, polvos o algas marinas) en los baños u otros tratamientos de spa es:
a. balneoterapia
b. exfoliación
c. tratamiento con sal marina
d. talasoterapia ____

37. Un(a) __________ utiliza ventiladores, calor, o dispersión de vapor para liberar aromas de aceites esenciales en un recinto para propósitos terapéuticos y/o estético.
a. aromaterapia
b. portador
c. difusor
d. parafango ____

38. La palabra *aromaterapia* fue utilizada por primera vez en la década de 1920 por el/la perfumista francé:
a. Mary Nelson
b. Rene Gattfosse
c. Mel Zuckerman
d. Milton Trager ____

39. ____________ es un lubricante para masajes que contiene una mezcla de aceites esenciales que se usan en aromaterapia.
a. Aromaterapia
b. Aceite portador
c. Difusor
d. Emulsión ____

40. Cuando son mantenidos fuera del alcance de la luz solar directa y almacenados en un lugar fresco y seco, los aceites esenciales pueden tener una vida útil de:
a. varios días
b. dos semanas
c. tres a seis meses
d. varios años ____

41. Los aceites esenciales que duran más y son generalmente de olor dulce y calmante son categorizados como de nota ____________.
a. baja
b. alta
c. central
d. media ____

42. El estilo de masaje desarrollado en el norte de California que utiliza recorridos prolongados y fluidos que conectan todas las partes del cuerpo en un todo se denomina:
a. masaje sueco
b. shiatsu
c. masaje Esalen
d. talasoterapia ____

43. ¿Cuál de los siguientes aceites esenciales se deriva de una hoja?
a. lavanda
b. nerolí
c. jazmín
d. eucalipto ____

44. ¿Cuántas gotas de aceite esencial deberán ser añadidas a cada onza del aceite portador antes de utilizarlo en el masaje de aromaterapia?
a. 12 a 15
b. 20 a 30
c. 65
d. 120 ____

45. ¿Qué difusor convierte los aceites líquidos en una niebla sumamente fina que cubre una zona con fragancia?
a. atomizador
b. difusor de arcilla
c. difusor accionado a ventilador
d. aro para lámpara incandescente

46. ¿Qué tipo de envoltura corporal se utiliza para purgar y absorber las impurezas por los poros, suavizando la piel?
a. barro
b. algas marinas
c. barro y algas marinas
d. ni barro ni algas marinas ____

47. Las características comunes de las envolturas corporales incluyen todas las siguientes *excepto*:
a. calidez
b. comodidad y seguridad
c. aceites esenciales
d. ambiente encerrado ____

48. El/La __________ es una lámina plástica descartable delgada y transparente utilizada para envolver directamente en torno de la piel de un cliente durante las envolturas corporales con barro.
a. envoltura corporal de plástico
b. cobertor espacial
c. manta térmica
d. hidrocolador ____

49. Los manantiales o baños de agua caliente, especialmente los baños de la antigua Roma, se denominan:
a. saunas tipo bania
b. termas
c. baños turcos
d. kiva ____

50. La raíz de la palabra *exfoliación* proviene del latín *folium*, que significa:
a. levantar
b. hoja
c. piel
d. forma ____

51. ¿Cuál de los siguientes procedimientos de exfoliación es un servicio de spa un tanto infrecuente que puede ser bastante abrasivo?
a. fregado con lufa
b. Lavado sueco con champú
c. fregado corporal
d. brillo con sal marina ____

52. Una sala de masajes utilizada para tratamientos de spa realizados sin ducha ni baños es un(a):
a. ducha Vichy
b. cuarto seco
c. cuarto húmedo
d. ducha suiza ____

53. El brillo con sal marina a menudo utiliza sales de __________, que tienen un alto contenido de minerales tales como magnesio, potasio y calcio.
a. Francia
b. Roma
c. el Mar Muerto
d. Europa Oriental ____

54. __________ más comúnmente genera(n) tensión entre los terapeutas y los gerentes de los spa.
a. La compensación
b. La gestión del tiempo
c. Las relaciones con los clientes
d. Los requisitos del trabajo físico ____

55. Las técnicas básicas que ayudan al terapeuta a vender productos de spa con discreción y exitosamente incluyen todas la siguientes *excepto*:
    a. autoobservación
    b. cierre
    c. separaciones
    d. comisiones ____

56. ¿Qué tipo de pericia utilizada por el masajista en el entorno del spa es la que le permite anticipar las necesidades de los demás?
    a. ventas
    b. trabajo en equipo
    c. tratamiento
    d. desarrollo profesional ____

57. El primer paso del masajista cuando comienza una carrera en la industria de los spa consiste en:
    a. estar preparado para trabajar cuando se lo necesite
    b. crear un currículo de vida
    c. enfatizar en las entrevistas las aptitudes del servicio al cliente
    d. obtener recomendaciones de empleadores anteriores ____

58. El masajista que desee progresar en la industria de los spa deberá hacer todo lo siguiente *excepto*:
    a. trabajar siempre de manera independiente
    b. tornarse activo
    c. aprender de los demás
    d. sentar una base ____

59. El masajista que decida abrir un spa deberá primero:
    a. empezar lentamente
    b. obtener aliados
    c. evaluar las limitaciones
    d. todas las respuestas ____

Parte 3: Práctica del masaje

CAPÍTULO 15: TÉCNICAS DE MASAJE CLÍNICO

OPCIÓN MÚLTIPLE

1. Una idea clara de lo que se está tratando de lograr se denomina:
   a. propósito
   b. intención
   c. técnica
   d. conocimiento ____

2. Las terapias de tipo __________ evalúan los tejidos y suministran a los tejidos blandos técnicas de manipulación que reprograman el bucle neurológico.
   a. mecánica
   b. masaje
   c. neurofisiológico
   d. anatómico ____

3. Todos los siguientes son ejemplos de terapias neurofisiológicas *excepto*:
   a. hidroterapia
   b. técnicas de energía muscular
   c. técnicas miofasciales
   d. terapia de punto gatillo ____

4. Stanley Leif y __________ desarrollaron el sistema de manipulación del tejido blando denominado terapia neuromuscular.
   a. Boris Chaitow
   b. Judith DeLany
   c. Raymond Nimmo
   d. James Vannerson ____

5. Raymond Nimmo y James Vannerson desarrollaron lo que denominaron __________, que trataba los "nódulos nocivos" en los músculos hipertónicos.
   a. terapia neuromuscular
   b. terapia de punto gatillo
   c. técnicas de liberación por posicionamiento
   d. técnica del tono muscular del receptor ____

6. __________ trabajó para desarrollar protocolos neuromusculares eficaces para su empleo por los terapeutas de tejidos blandos.
   a. David Simons
   b. Judith Walker
   c. Leon Chaitow
   d. Janet Travell ____

7. En 1996, __________ publicó *Técnicas neuromusculares modernas*.
   a. Leon Chaitow
   b. Judith DeLany
   c. Stanley Leif
   d. Paul St. John ____

8. ¿El cuerpo continuamente soporta tensiones provenientes de cuál de los siguientes elementos?
   a. nutrición inadecuada
   b. postura corporal deficiente
   c. trauma
   d. todas las respuestas ____

9. Los cambios neuromusculares ocasionan todo lo siguiente *excepto*:
   a. depresión
   b. fatiga
   c. movilidad incrementada
   d. dolor ____

10. Un examen cuidadoso y sistemático del músculo y el tejido blando asociado identifica dichas señales anormales como:
    a. puntos gatillo
    b. congestión del tejido
    c. edema
    d. todas las respuestas ____

11. Un tratamiento de terapia neuromuscular (TNM) comprende:
    a. evaluación
    b. manipulación de los tejidos blandos
    c. evaluación y manipulación de los tejidos blandos
    d. ni evaluación ni manipulación de tejidos blandos ____

12. Una lesión en su fase inflamatoria aguda de curación puede durar __________ a __________ horas o más.
    a. 24, 48
    b. 36, 72
    c. 48, 72
    d. 48, 96 ____

13. La letra *I* en el acrónimo RICE para primeros auxilios de tejidos blandos significa:
    a. inmovilizar
    b. isquemia
    c. hielo (ice)
    d. lesión (injury) ____

14. ¿Cuál de los siguientes es el último paso en el protocolo de terapia de cuatro pasos de DeLany para condiciones de dolor crónico?
    a. Restaurar la resistencia por medio de ejercicios de acondicionamiento.
    b. Reducir la isquemia y los puntos gatillo en el tejido blando.
    c. Reconstruir la fortaleza con ejercicios y entrenamiento con pesas.
    d. Restaurar la flexibilidad por medio de la movilización de las articulaciones y el estiramiento pasivo. ____

15. De acuerdo con la ley de __________, las raíces anteriores o ventrales de los nervios espinales son motoras y las raíces posteriores u dorsales son sensoriales.
    a. Hilton
    b. Bell
    c. la facilitación
    d. Arndt-Schultz ____

16. La __________ explica cómo los estímulos que activan sólo los nervios no nociceptivos pueden inhibir el dolor.
   a. Ley de Bell
   b. Teoría del control de portal
   c. Ley de la facilitación
   d. Ley de Hilton ____

17. Los recorridos de deslizamiento profundo son aplicados:
   a. con la palma de la mano
   b. en la dirección de las fibras musculares subyacentes
   c. con las puntas de los dedos
   d. todas las respuestas ____

18. ¿Cuál de las siguientes técnicas se denomina algunas veces agotamiento muscular?
   a. estiramiento
   b. terapia de punto gatillo
   c. compresión isquémica
   d. deslizamiento profundo ____

19. En la compresión isquémica, la duración de la presión es de __________ a __________ segundos.
   a. 4, 8
   b. 8, 12
   c. 10, 15
   d. 15, 20 ____

20. El estiramiento __________ es valioso para superar las contracturas y la programación neuromuscular que restringen la movilidad.
   a. activo
   b. profundo
   c. isquémico
   d. pasivo ____

21. En la terapia neuromuscular, ¿cuál de las siguientes acciones se realiza primero?
   a. terapia de punto gatillo
   b. estiramiento
   c. deslizamiento
   d. palpación ____

22. Travell y Simons clasifican los puntos gatillo de acuerdo con su:
   a. respuesta a la presión
   b. ubicación
   c. respuesta a la presión y ubicación
   d. ni respuesta a la presión ni ubicación ____

23. Un punto gatillo __________ impide el estiramiento pleno de los músculos y evita el dolor cuando se los comprime con los dedos.
   a. miofascial activo
   b. miofascial latente
   c. central
   d. satélite ____

24. Un punto gatillo __________ de un músculo puede activar un punto gatillo satélite en otro músculo.
   a. relacionado
   b. adjunto
   c. central
   d. primario ____

25. ¿Qué tipo de punto gatillo se considera causado por la tensión continua de la banda tensa ocasionada por un punto gatillo central?
   a. relacionado
   b. adjunto
   c. miofascial latente
   d. satélite ____

26. ¿Cuál de las siguientes acciones puede activar puntos gatillo?
   a. disfunción de las articulaciones
   b. dolencias artríticas
   c. tensión emocional
   d. todas las respuestas ____

27. El/La ____________ es un circuito neurológico disfuncional autoperpetuante.
   a. placa terminal del punto gatillo
   b. arco de reflejo fisiopatológico
   c. teoría de control de portal
   d. desactivador del punto gatillo ____

28. Bajo presión, los puntos gatillo exhiben dolor derivado u otras sensaciones de ____________ que los clientes a menudo reconocen.
   a. puntos de acupuntura
   b. áreas de entrada
   c. puntos gatillo latentes
   d. zonas buscadas ____

29. ¿La palpación le permite al terapeuta reconocer qué de lo siguiente?
   a. tejido constreñido
   b. tejido fibrótico
   c. nódulo híperirritable
   d. todas las respuestas ____

30. En la palpación ____________, la piel y el tejido subcutáneo se desplazan por sobre el tejido muscular fibroso para detectar condiciones correosas o fibrosas debajo.
   a. plana
   b. de pinza
   c. plana y de pinza
   d. ni plana ni de pinza ____

31. ¿Cuáles de las siguientes modalidades encontraron Travell y Simons más eficaces para aliviar una actividad de punto gatillo?
   a. agujas en seco
   b. inyección de agente
   c. acupuntura
   d. técnica de rocío y estiramiento ____

32. ¿Cuál de los siguientes es un método para mover pasivamente una parte del cuerpo hacia la preferencia del cuerpo alejándola del dolor?
   a. liberación por posicionamiento
   b. técnica de energía muscular
   c. compresión isquémica
   d. liberación de la presión en el punto gatillo ____

33. La compresión isquémica fue popularizada en una técnica denominada mioterapia por:
   a. Paul St. John
   b. Janet Travell
   c. Bonnie Prudden
   d. Leon Chaitow ____

34. La isquemia en torno de los puntos gatillo centrales se trata con __________ repetido/a para incrementar la circulación hacia el área y purgarla.
   a. compresión
   b. *effleurage*
   c. palpación
   d. estiramiento ____

35. En la técnica de liberación de posición, al alcanzar una posición de liberación del punto gatillo se reduce la sensibilidad del mismo en un __________ a __________ por ciento.
   a. 25, 30
   b. 30, 50
   c. 50, 75
   d. 70, 100 ____

36. La técnica preferida para retornar un músculo a su longitud en reposo es:
   a. estiramiento suave
   b. liberación por posicionamiento
   c. técnica de energía muscular utilizando el antagonista
   d. compresión isquémica ____

37. ¿A quién se atribuye el desarrollo de la moderna técnica de energía muscular?
   a. T.J. Ruddy
   b. Fred Mitchell
   c. Lawrence Jones
   d. Arthur Lincoln Pauls ____

38. La relajación postisométrica y la inhibición recíproca son dos __________ básicos/as incorporados/as durante las manipulaciones TEM.
   a. relajantes musculares
   b. reflejos inhibidores
   c. terapias de punto gatillo
   d. técnicas de rango de movimiento ____

39. Todas las siguientes son variaciones de las técnicas de energía muscular (TEM) *excepto*:
   a. duración del esfuerzo
   b. posición inicial
   c. incorporación de la respiración
   d. altura del terapeuta ____

40. ¿Qué técnica incorpora la teoría de que tan pronto como una contracción muscular isométrica se libera el músculo se relaja?
  a. contracción relajación
  b. relajación antagónica
  c. contracción antagónica
  d. contracción-relajación-contracción de lo opuesto ____

41. ¿Qué técnica de energía muscular rige para el proceso fisiológico conocido como inhibición recíproca?
  a. contracción agónista
  b. contracción-relajación-contracción de lo opuesto
  c. contracción antagónica
  d. contracción relajación ____

42. La Técnica de energía muscular pulsada (TEMP) está dirigida al músculo inhibido para realizar todo lo siguiente *excepto*:
  a. estimular el músculo debilitado
  b. reducir la circulación
  c. facilitar la reeducación propioceptiva
  d. inhibir adicionalmente el músculo hipertónico opuesto ____

43. Un proceso neuromuscular natural conocido como ____________ hace que las fibras musculares asociadas con las fibras lesionadas se acorten para proteger las zonas lesionadas.
  a. inhibición recíproca
  b. acción de gatillo (triggering)
  c. propiocepción
  d. entablillado ____

44. ¿Cuáles de las siguientes variaciones de la técnica de energía muscular ayuda a reducir la fibrosis en la fascia muscular?
  a. isolítica
  b. pulsada
  c. contracción-relajación-antagónica-contracción
  d. inhibición recíproca ____

45. ¿Qué técnica se conoce también como técnica de posicionamiento pasivo?
  a. compresión isquémica
  b. terapia neuromuscular
  c. liberación de posición
  d. técnica de energía muscular ____

46. ¿Qué técnica de liberación de posición se conoce también como técnica del "punto sensible"?
  a. ortobionomía
  b. tensión-contratensión
  c. balanceo estructural/muscular
  d. ninguna respuesta ____

47. ¿Qué técnica de liberación de posición desarrolló el osteópata inglés Arthur Lincoln Pauls?
   a. ortobionomía
   b. tensión-contratensión
   c. balanceo estructural/muscular
   d. inhibición recíproca ____

48. *No* es exacto afirmar que los músculos en un estado hipertónico:
   a. contienen puntos gatillo
   b. generalmente son isquémicos
   c. pueden ser dolorosos
   d. tienen poca actividad nerviosa ____

49. Los fascículos están dispuestos juntos entre sí para formar músculos mantenidos en su lugar por el/la:
   a. endomisio
   b. epimisio
   c. miofascia
   d. perimisio ____

50. El gel viscoso __________, que contiene hasta el 70 por ciento de agua, suministra el medio para las fibras y células de los tejidos conectivos.
   a. fibroblasto
   b. colágeno
   c. elastina
   d. substancia básica ____

51. Las fibras en forma de red __________ forman la estructura de algunos órganos y glándulas y brindan soporte en torno de los músculos y nervios lisos.
   a. de colágeno
   b. de elastina
   c. reticulares
   d. de fibroblastos ____

52. Las células del tejido conectivo conocidas como __________, que son parte del sistema immunológico, sintetizan anticuerpos.
   a. macrófagos
   b. células plasmáticas
   c. mastocitos
   d. fibroblastos ____

53. A través de __________, el ácido hialurónico de la substancia básica del tejido conectivo pasa desde un estado de gel a uno más fluido.
   a. tixotropía
   b. piezoelectricidad
   c. tensegridad
   d. inhibición ____

54. __________ es la característica de ciertos materiales de generar y conducir corriente eléctrica bajo condiciones de presión o esfuerzo.
   a. Tixotropía
   b. Hidroterapia
   c. Piezoelectricidad
   d. Tensegridad ____

55. ¿Las técnicas miofasciales están dirigidas hacia qué tipo de fascia?
   a. superficial
   b. profundas
   c. superficiales y profundas
   d. ni superficial ni profundas ____

56. La miofascia restringida está indicada para los desequilibrios de las posturas corporales tales como:
   a. cabeza alargada
   b. pelvis inclinada
   c. hueso ilíaco alto
   d. todas las respuestas ____

57. La tensión o resistencia encontrada durante el deslizamiento de la fascia indica restricciones a la misma que pueden ser el resultado de:
   a. isquemia
   b. entrecruzamiento fibroso
   c. deshidratación de la substancia básica
   d. todas las respuestas ____

58. ¿Qué técnica se utiliza en las etapas crónicas o subagudas tardías de la curación de un tejido para eliminar las adherencias que podrían dificultar la movilidad?
   a. amasado del músculo
   b. fricción transversal a la fibra
   c. recorrido en J
   d. estiramiento cruzado ____

59. La intención de las técnicas miofasciales indirectas es:
   a. liberar las restricciones
   b. alargar un músculo
   c. liberar las restricciones y alargar un músculo
   d. ni liberar las restricciones ni alargar un músculo ____

60. El sistema ____________ incluye las meninges, el fluido cerebroespinal y las estructuras fisiológicas que controlan el ingreso y egreso de los fluidos.
   a. fascial
   b. miofascial
   c. craneosacro
   d. cerebral ____

61. La capa de las meninges que está sumamente vascularizada y suministra nutrientes al tejido nervioso es la:
   a. duramadre
   b. piamadre
   c. espina dorsal
   d. membrana aracnoide ____

Parte 3: Práctica del masaje

CAPÍTULO 16: MASAJE LINFÁTICO

OPCIÓN MÚLTIPLE

1. Johannes Asdonk publicó un informe sobre los efectos, indicaciones y contraindicaciones del masaje para drenaje linfático en:
   a. 1932 c. 1976
   b. 1967 d. 1987 ____

2. En muchas partes de Europa en la actualidad, los médicos recomiendan el masaje de drenaje linfático para gestionar:
   a. estrés c. presión arterial alta
   b. linfoedema d. todas las respuestas ____

3. Antes de comenzar a estudiar el masaje linfático, el profesional o el estudiante deberá tener un exhaustivo conocimiento de:
   a. anatomía c. fisiología
   b. kinesiología d. todas las respuestas ____

4. Mientras que la circulación sanguínea es un bucle cerrado, la circulación linfática es:
   a. abierto c. de una vía
   b. de dos vías d. ninguna respuesta ____

5. La circulación linfática finaliza cuando la linfa reingresa al flujo sanguíneo venoso en una zona denominada el:
   a. ángulo venoso c. colector
   b. capilar linfático d. precolector ____

6. El sistema linfático está compuesto de:
   a. la linfa c. vasos linfáticos
   b. ganglios linfáticos d. todas las respuestas ____

7. Las paredes de los ____________ están compuestas de una capa de células endoteliales planas.
   a. colectores c. conductos linfáticos
   b. troncos d. capilares linfáticos ____

8. Una vez dentro de los capilares, el fluido de los espacios intersticiales es considerado:
   a. quilo c. axilar
   b. linfa d. todas las respuestas ____

9. La linfa es transportada desde los capilares hacia los ligeramente mayores:
   a. colectores
   b. precolectores
   c. válvulas bicúspide
   d. troncos ____

10. El líquido turbio que pasa desde el intestino delgado, a través de los vasos quilíferos y hacia el sistema linfático, se denomina:
    a. quilo
    b. la linfa
    c. lacteal
    d. linfocito ____

11. Las paredes de los __________ son de varias celdas de espesor y contienen músculo liso que ayuda a propulsar la linfa.
    a. colectores
    b. troncos
    c. precolectores
    d. nódulos ____

12. ¿De cuál de los siguientes elementos se deriva el fluido intersticial?
    a. la linfa
    b. quilo
    c. plasma sanguíneo
    d. todas las respuestas ____

13. ¿Qué acción de las siguientes realiza entre el 80 y 98 por ciento del fluido intersticial que contiene desechos?
    a. se absorbe en el sistema linfático
    b. se recicla hacia la linfa
    c. se reabsorbe en los vasos sanguíneos
    d. se purga fuera del sistema a través de los riñones ____

14. Todo lo siguiente se encuentra en la linfa *excepto*:
    a. grasas
    b. hormonas
    c. residuos de los tejidos
    d. quilo ____

15. Los vasos interiores o __________ transportan linfa contaminada hacia los nódulos linfáticos.
    a. aferentes
    b. eferentes
    c. quilíferos
    d. vasculares ____

16. En los nódulos linfáticos, los antígenos, las células dañadas y las toxinas son influidos, colapsados o devorados por los/las:
    a. vasos quilíferos
    b. conductos linfáticos
    c. linfocitos
    d. todas las respuestas ____

17. Una vez neutralizadas, las toxinas atraviesan los conductos linfáticos y regresan al sistema sanguíneo para ser eliminadas a través de:
    a. el sistema digestivo
    b. los riñones
    c. los pulmones
    d. todas las respuestas ____

18. Antes de reingresar al sistema sanguíneo venoso, la linfa del costado derecho de la cabeza y el cuello fluye hacia el:
    a. conducto linfático izquierdo
    b. conducto linfático derecho
    c. conducto torácico derecho
    d. nódulo linfático inguinal ____

19. ¿Cuál de los siguientes *no* es un factor que inhibe el flujo linfático?
    a. fatiga
    b. remoción quirúrgica de los nódulos linfáticos
    c. actividad física incrementada
    d. trauma emocional ____

20. Las principales áreas de los nódulos que drenan linfa superficial incluyen todas las siguientes *excepto*:
    a. las muñecas
    b. los costados del cuello
    c. el pliegue inguinal
    d. el área axilar ____

21. ¿Cuál de las siguientes *no* es una función principal de los nódulos linfáticos?
    a. producción de monocitos
    b. filtración de toxinas
    c. destrucción de linfocitos
    d. concentración linfática ____

22. Los nódulos linfáticos regionales ubicados debajo de la mandíbula son considerados:
    a. inguinales
    b. poplíteos
    c. submaxilares
    d. occipitales ____

23. Los nódulos ____________ están ubicados a lo largo de la arteria carótida y la vena yugular interna.
    a. axilares
    b. cervicales profundos
    c. postauriculares
    d. supratrocleares ____

24. ¿Los nódulos axilares reciben linfa de los vasos que drenan de qué de lo siguiente?
    a. glándulas mamarias
    b. pared del tórax
    c. pared superior del abdomen
    d. todas las respuestas ____

25. Los linfocitos B son producidos y maduran en el/la:
    a. glándula timo
    b. médula ósea
    c. bazo
    d. todas las respuestas ____

26. Los __________ son producidos en la médula ósea y migran y maduran en el timo.
a. linfocitos T
c. antígenos
b. linfocitos B
d. anticuerpos ____

27. ¿Cuál de los siguientes *no* es un órgano linfoide secundario?
a. adenoide
c. timo
b. ganglio linfático
d. amígdala ____

28. Es acertado afirmar que el masaje linfático:
a. aumenta la producción de linfocitos
b. estimula la actividad de los nódulos linfáticos
c. mejora el metabolismo del cuerpo
d. todas las respuestas ____

29. Todas las siguientes son contraindicaciones para el masaje linfático *excepto*:
a. acné
c. disfunción renal
b. inflamación
d. trombosis ____

30. En el masaje linfático, la presión aplicada es de entre __________ y __________ onzas por pulgada cuadrada.
a. 1, 3
c. 2, 6
b. 1, 8
d. 3, 8 ____

31. Cada recorrido circular del masaje linfático estira levemente la piel y los tejidos básicos en un patrón de __________ invertida.
a. O
c. L
b. S
d. T ____

32. El masaje linfático se aplica utilizando todos los elementos siguientes *excepto* el/los:
a. dedos
c. pulgar
b. palma
d. nudillos ____

33. En el masaje linfático, cada movimiento es repetido en la misma zona al menos __________ a __________ veces.
a. 2, 3
c. 4, 6
b. 3, 5
d. 5, 10 ____

34. ¿Dónde comienza el masaje linfático de los brazos?
a. área axilar
c. brazos
b. manos
d. área pectoral ____

35. Para el masaje linfático en la parte trasera de la pantorrilla, los movimientos son dirigidos hacia el:
    a. pliegue inguinal
    b. área axilar
    c. espacio poplíteo
    d. todas las respuestas ____

36. Para un masaje linfático del cuello, el profesional deberá estar:
    a. parado del lado que está siendo masajeado
    b. sentado por encima de la cabeza del cliente
    c. parado en la cabecera de la camilla
    d. parado del lado derecho de la camilla ____

37. ¿Dónde comienza el masaje del cuadrante superior?
    a. área axilar
    b. área pectoral
    c. brazos
    d. pechos ____

38. Dónde finaliza el masaje linfático del cuadrante superior?
    a. área axilar
    b. base del cuello cerca del ángulo venoso
    c. borde del esternón
    d. espacio poplíteo ____

39. Antes de ejecutar un masaje linfático de la zona inguinal, el profesional deberá:
    a. obtener el consentimiento informado del cliente
    b. pasar a una posición de sentado
    c. masajear la parte anterior de las piernas
    d. desvestir al cliente ____

40. Una línea divisoria es la separación del flujo linfático hacia el/los:
    a. pliegue inguinal
    b. los diferentes territorios de drenaje
    c. cuadrante inferior
    d. trocánter mayor ____

41. El masaje linfático de la mitad medial del muslo posterior comienza en el:
    a. espacio poplíteo
    b. pliegue inguinal
    c. pliegue glúteo
    d. área axilar ____

42. El masaje linfático deberá finalizar con:
    a. masaje del cuero cabelludo
    b. *effleurage* del área inguinal
    c. masaje relajante del cuello y los hombros
    d. masaje suave de la parte inferior de la espalda ____

Parte 3: Práctica del masaje

CHAPTER 17: PROCECIMIENTO TERAPÉUTICO

OPCIÓN MÚLTIPLE

1. El procedimiento terapéutico es el proceso de:
   a. generar una historia clínica concisa
   b. desarrollar planes de tratamiento
   c. realizar el tratamiento adecuado
   d. todas las respuestas ____

2. El paso final del procedimiento terapéutico es:
   a. la evaluación
   b. la revisión
   c. el rendimiento
   d. la planificación ____

3. ¿En qué paso del procedimiento terapéutico el masajista determina estrategias y selecciona técnicas terapéuticas para afrontar las afecciones?
   a. la evaluación
   b. la revisión
   c. el rendimiento
   d. la planificación ____

4. El proceso terapéutico es valioso para:
   a. llevar a cabo la sesión de masajes
   b. planificar de corto alcance
   c. establecer objetivos de largo alcance
   d. todas las respuestas ____

5. En el establecimiento de los objetivos de largo alcance, es posible que la evaluación sea extensa y que la planificación requiera ____________ a ____________ sesiones.
   a. 3, 5
   b. 4, 8
   c. 6, 10
   d. 8, 12 ____

6. ¿Cuál de estas opciones es verdadera sobre la planificación de corto alcance?
   a. se tienen en cuenta las necesidades del cliente
   b. se decide la estrategia de tratamiento
   c. se determinan las indicaciones y contraindicaciones
   d. todas las respuestas ____

7. De acuerdo con una encuesta realizada en 2007 por *Caravan Opinion Research*, 22% de los entrevistados recibían masaje para:
   a. mejorar algún problema de salud
   b. relajarse o reducir el estrés
   c. aliviar el dolor
   d. consentirse ____

8. Durante la consulta preliminar, emplear un tono de voz y una postura similar a la del cliente ayuda a:
   a. establecer una buena comunicación
   b. evaluar las necesidades del cliente
   c. evitar problemas de mala comunicación
   d. todas las respuestas ____

9. ¿Cuál de las siguientes opciones es esencial para determinar las necesidades y las preocupaciones del cliente?
   a. la duración de la consulta preliminar
   b. una forma clara de comunicación
   c. la duración de la consulta preliminar y una forma clara de comunicación
   d. ni la duración de la consulta preliminar ni una forma clara de comunicación ____

10. Debe fomentarse el feedback del cliente ____________ la sesión.
    a. antes de
    b. después de
    c. durante
    d. todas las respuestas ____

11. El proceso de admisión para un masaje terapéutico difiere del de un masaje relajante o de placer en que el primero:
    a. es menos extenso
    b. es más extenso
    c. comienza con un consentimiento informado
    d. ninguna respuesta ____

12. Las políticas y los procedimientos se explican durante el siguiente segmento del proceso de admisión del cliente:
    a. programación de la cita
    b. consulta inicial
    c. evaluación
    d. consentimiento informado ____

13. Las pruebas especiales, como la medición del rango de movimiento, se llevan a cabo en la siguiente etapa del proceso de admisión del cliente:
    a. evaluación
    b. consentimiento informado
    c. plan de tratamiento
    d. consulta inicial ____

14. Un protocolo de evaluación común incluye todo lo siguiente *excepto*:
    a. observación minuciosa
    b. palpación
    c. derivación a otro profesional de la salud
    d. historia clínica ____

15. Un formulario de información sobre el cliente puede incluir preguntas acerca de los siguientes datos del cliente:
    a. edad
    b. ocupación
    c. motivos por los que solicita los servicios del masaje
    d. todas las respuestas ____

16. Un formulario de historia clínica incluye la siguiente información acerca del cliente *excepto*:
    a. cirugías previas
    b. motivo por el que solicita los servicios de masaje
    c. enfermedades serias
    d. alergias ____

17. La entrevista entre el cliente y el masajista ofrece al primero la oportunidad de:
    a. llenar formularios con su historia clínica
    b. explicar los procedimientos del masaje
    c. contar sus historias
    d. todas las respuestas ____

18. ¿Cuál de las siguientes es una pregunta apropiada sobre la historia clínica con relación a una afección dolorosa?
    a. ¿Cuándo ocurrió la lesión?
    b. ¿Puede describir el dolor?
    c. ¿Cómo comenzó la afección?
    d. todas las respuestas

19. ¿La descripción del cliente de un dolor en la parte lumbar de la espalda sería un ejemplo de qué tipo de información?
    a. subjetiva
    b. objetiva
    c. de rendimiento
    d. de admisión ____

20. En una escala subjetiva del dolor de 0 a 10, un dolor insoportable tiene una calificación de:
    a. 1
    b. 2
    c. 5
    d. 10 ____

21. En una escala subjetiva del dolor de 0 a 10, la presión con el mayor valor terapéutico tiene una calificación del cliente de:
    a. 2
    b. 5
    c. 7
    d. 9 ____

22. La ley de Arndt-Schultz afirma que los estímulos fuertes ____________ los procesos fisiológicos.
    a. activan
    b. inhiben
    c. aumentan
    d. manipulan ____

23. La observación visual le permite al terapeuta hacer una evaluación de:
    a. alineación estructural
    b. discrepancias bilaterales
    c. variaciones en el color de la piel
    d. todas las respuestas ____

24. Observar la postura nos da muchas indicaciones de:
    a. desviación estructural
    b. desequilibrio muscular
    c. desviación estructural y desequilibrio muscular
    d. ni desviación estructural ni desequilibrio muscular ____

25. Al evaluar la postura, se observa la simetría de los puntos óseos de referencia del cuerpo, incluidos todos los siguientes *excepto* :
    a. las orejas
    b. el cuello
    c. las crestas ilíacas
    d. las cabezas fibulares ____

26. ¿Dónde debe comenzar la evaluación de la postura?
    a. pies
    b. orejas
    c. articulaciones AC (acromioclaviculares)
    d. codos ____

27. ¿La distorsión postural puede ser consecuencia de cuál de las siguientes opciones?
    a. afecciones patológicas
    b. malos hábitos de trabajo
    c. edad
    d. todas las respuestas ____

28. La compensación de la desviación postural suele aumentar la tensión sobre:
    a. el tejido conectivo
    b. el músculo postural
    c. el tejido conectivo y el músculo postural
    d. ni el tejido conectivo ni el músculo postural ____

29. Una forma o manera de caminar se conoce como:
    a. postura
    b. andar
    c. postura y andar
    d. ni postura ni andar ____

30. El Dr. James Cyriax aclaró y definió conceptos que son muy valiosos para evaluar el rango de movimiento, que incluyen todas las siguientes opciones *excepto:*
    a. tejido inerte
    b. patrones capsulares
    c. sensación de tope
    d. tejido cardíaco ____

31. ¿Cuál de las siguientes opciones es un ejemplo de tejido contráctil?
    a. tendones
    b. vasos sanguíneos
    c. bursa
    d. todas las respuestas ____

32. Los nervios son un ejemplo de:
   a. tejido inerte
   b. tejido contráctil
   c. patrones capsulares
   d. tejido muscular ____

33. El cambio en la calidad del movimiento cerca del final de éste se conoce como:
   a. patrón contráctil
   b. sensación de tope
   c. limitación articular
   d. patrón capsular ____

34. La sensación de tope desempeña un papel muy importante en la evaluación del movimiento ____________.
   a. activo
   b. pasivo
   c. activo y pasivo
   d. ni activo ni pasivo ____

35. La sensación de tope ____________ es una limitación abrupta e indolora al movimiento que ocurre al término normal del rango de movimiento, como en la extensión de la rodilla.
   a. dura
   b. suave
   c. elástica
   d. vacía ____

36. ¿Cuando los tejidos contráctiles participan en la prueba muscular, qué tipo de movimiento da un resultado positivo?
   a. activo
   b. de resistencia
   c. activo de resistencia
   d. ni activo ni de resistencia ____

37. ¿Qué tipo de barrera representa los límites dentro de los que se pueden manipular los tejidos de manera efectiva?
   a. anatómica
   b. fisiológica
   c. de resistencia
   d. tejido blando ____

38. ¿Moverse más allá de la barrera anatómica puede provocar cuál de las siguientes opciones?
   a. hematomas o daño en los tejidos
   b. activación de puntos gatillo latentes
   c. lesión a las placas motoras terminales
   d. todas las respuestas ____

39. El rango móvil de tejido elástico y fácilmente movible se conoce como:
   a. rango de movimiento libremente flexible
   b. rango de movimiento
   c. barrera de tejido blando
   d. sensación de tope elástica ____

40. ____________ es el modo de comunicación entre el terapeuta y el cuerpo del paciente.
   a. Lenguaje corporal
   b. Toque
   c. Sensación de tope
   d. Historia clínica ____

41. La evaluación por palpación es:
   a. objetiva
   b. subjetiva
   c. objetiva y subjetiva
   d. ni objetiva ni subjetiva ____

42. En la palpación superficial, las áreas más frías pueden indicar:
   a. mayor actividad
   b. inflamación
   c. mayor circulación
   d. congestión ____

43. En términos descriptivos, lo opuesto a crónico es:
   a. agudo
   b. circunscripto
   c. difuso
   d. rígido ____

44. El lugar donde se ubican los ganglios linfáticos superficiales y los vasos sanguíneos es:
   a. la superficie de la piel
   b. la fascia superficial
   c. el epimisio
   d. los músculos esqueléticos ____

45. Una afección muscular común palpable que suele asociarse con una lesión es:
   a. una banda tensa
   b. una vaina de tendón
   c. un tendón similar a una cuerda
   d. un músculo flexible ____

46. Una afección continua o persistente se denomina:
   a. crónica
   b. profunda
   c. aguda
   d. superficial ____

47. En el protocolo de evaluación TART, la letra final *T* significa:
   a. tejido
   b. textura
   c. sensibilidad (tenderness)
   d. temperatura ____

48. El objetivo de la respuesta inflamatoria es __________ de los tejidos dañados.
   a. la reparación
   b. la reorganización
   c. la reparación y la reorganización
   d. ni la reparación ni la reorganización ____

49. ¿Durante qué etapa de la respuesta inflamatoria los fibroblastos generan fibras de colágeno que unen los tejidos entre sí?
a. aguda
b. de regeneración
c. de remodelación
d. crónica ____

50. ¿Cuál de las siguientes opciones puede incluirse en un plan de tratamiento?
a. derivación a otro profesional de la salud
b. áreas del cuerpo a evitar
c. recomendaciones para el autocuidado en el hogar
d. todas las respuestas ____

51. Durante la realización de un masaje, la evaluación visual permitirá observar todas las siguientes opciones *excepto*:
a. posición corporal
b. color del área
c. simetría
d. textura de la piel ____

52. Las constricciones del tejido blando suelen ser provocadas por todas las siguientes opciones *excepto*:
a. trauma corporal
b. estrés emocional
c. uso excesivo
d. poco uso ____

53. El segundo paso de la intervención sobre el tejido blando es:
a. liberar los puntos gatillo y las restricciones fasciales en el tejido muscular.
b. reconstruir la fuerza y la resistencia del músculo.
c. aliviar la inflamación.
d. restablecer la circulación y la respuesta neuromuscular a los tejidos. _

54. ¿Los músculos posturales tienen una proporción mayor de qué tipo de fibras musculares?
a. I
b. II
c. III
d. IV ____

55. Cuando un músculo sufre constricción y es hiperactivo, es frecuente que el antagonista esté:
a. hipertónico
b. hipotónico
c. tenso
d. desviado ____

56. ¿Cuál de las siguientes técnicas aumenta la circulación local?
a. exposición
b. deslizamiento superficial
c. terapia de contraste
d. todas las respuestas ____

57. ¿Cuál de las siguientes opciones sería parte del plan de tratamiento de un cliente cuyo objetivo de tratamiento es reducir la isquemia?
    a. rodar la piel
    b. exposición
    c. hidroterapia
    d. todas las respuestas ____

58. Una respuesta palpable de los tejidos a la presión aplicada terapéuticamente se conoce como:
    a. inhibición
    b. fibrosis
    c. rebote
    d. resistencia ____

59. ¿Cuál de las siguientes opciones *no* es uno de los tres objetivos del masaje?
    a. eliminar puntos gatillo
    b. restablecer el tejido muscular contráctil a la longitud normal de reposo
    c. disminuir la tonicidad muscular
    d. reducir la fibrosis ____

60. ____________ ayuda a determinar si los objetivos han sido alcanzados o no, y si es necesario derivar al cliente a otro profesional.
    a. La evaluación
    b. La revisión
    c. La producción
    d. La planificación ____

Parte 3: Práctica del masaje

CAPÍTULO 18—MASAJE DEPORTIVO Y ATLÉTICO

OPCIÓN MÚLTIPLE

1. Jack Meagher y Pat Boughton publicaron el primer libro editado en los Estados Unidos sobre masaje deportivo en:
   a. 1966 c. 1980
   b. 1972 d. 1984 ____

2. Todos los atletas que compitieron en los juegos olímpicos de verano tuvieron masajistas a su disposición por primera vez en:
   a. Las Olímpiadas de Los Ángeles en 1984
   b. Las Olimpíadas de Estocolmo en 1980
   c. Las Olimpíadas de Lake Placid en 1980
   d. Las Olimpíadas de Munich en 1972 ____

3. Los equipos deportivos profesionales que emplean masajistas profesionales como parte de su personal de entrenamiento incluyen los siguientes:
   a. béisbol c. hockey
   b. fútbol d. todas las respuestas ____

4. El masaje atlético, también denominado deportivo, es la aplicación de técnicas específicas de masaje y conocimientos de:
   a. entrenamiento de fuerza
   b. sistemas fisiológicos
   c. entrenamiento de fuerza y sistemas fisiológicos
   d. ni entrenamiento de fuerza ni sistemas fisiológicos ____

5. El masaje ayuda a disminuir la posibilidad de lesiones porque identifica y elimina afecciones de ____________ en riesgo de sufrir una lesión.
   a. la epidermis c. el sistema linfático
   b. el tejido blando d. todas las respuestas ____

6. El masaje deportivo adaptativo se dedica a atletas con discapacidades físicas excepto los que tienen:
   a. amputaciones c. presión arterial alta
   b. problemas auditivos d. ninguna respuesta ____

7. Un masaje preevento aplicado a un corredor de distancias cortas con parálisis cerebral se consideraría:
   a. revitalizante
   b. estimulante
   c. relajante
   d. todas las respuestas ____

8. Las desviaciones estructurales a menudo aparecen como patrones de:
   a. lesión
   b. movimiento integrado
   c. equilibrio estructural
   d. desequilibrio estructural ____

9. El principio de forzar al cuerpo a adaptarse a cargas más pesadas aumentando la fuerza o la resistenciae se denomina:
   a. biomecánica
   b. sobrecarga
   c. tensegridad
   d. integración ____

10. Entre los efectos negativos del ejercicio se incluye la mayor:
   a. resistencia
   b. acumulación de desechos metabólicos
   c. fuerza
   d. todas las respuestas ____

11. Con frecuencia, un músculo que ha sido forzado hasta su punto de fatiga necesita ____________ a ____________ horas para reposar, adaptarse y recuperarse.
   a. 12, 24
   b. 24, 36
   c. 36, 48
   d. 48, 72 ____

12. ¿El masaje estira y extiende cuál de las siguientes opciones?
   a. los músculos
   b. los tendones
   c. los ligamentos
   d. todas las respuestas ____

13. Muchas técnicas del masaje atlético son idénticas a las del masaje ____________.
   a. sueco
   b. shiatsu
   c. de acupuntura
   d. de hidroterapia ____

14. ¿Cuál de las siguientes opciones provoca que un mayor volumen de sangre permanezca en el músculo durante un mayor período de tiempo?
   a. las técnicas neuromusculares
   b. los golpecitos de compresión
   c. el masaje linfático
   d. las técnicas miofasciales ____

15. ¿La hiperemia es beneficiosa en qué tipo de masaje?
   a. reconstituyente
   b. de rehabilitación
   c. preevento
   d. todas las respuestas ____

16. La liberación de histaminas y acetilcolina provoca lo siguiente:
    a. dilatación de los vasos sanguíneos
    b. ablandamiento de las adherencias
    c. extensión del tejido muscular
    d. todas las respuestas ____

17. La presión profunda en el masaje atlético suele aplicarse con todo lo siguiente *excepto* con el/la:
    a. pulgar
    b. dedo apretado
    c. palma
    d. codo ____

18. La liberación de presión de puntos gatillo es otro nombre para:
    a. presión profunda
    b. compresión isquémica
    c. presión profunda y compresión isquémica
    d. ni presión profunda ni compresión isquémica ____

19. Los puntos gatillo que producen dolor solamente cuando se aplica presión se llaman:
    a. activos
    b. latentes
    c. derivados
    d. satélites ____

20. La técnica de masaje aplicada frotando las fibras del tendón, músculo o ligamento a un ángulo de 90 grados con respecto a la fibra se llama:
    a. fricción transversal a la fibra
    b. compresión profunda
    c. masaje linfático
    d. agitado ____

21. Cuando se sacude un miembro, es importante evitar:
    a. aplicar tracción al brazo
    b. sobreextender cualquier articulación
    c. aplicar tracción al brazo y sobreextender cualquier articulación
    d. ni aplicar tracción al brazo ni sobreextender cualquier articulación ____

22. En la década de 1950, ____________ desarrolló ejercicios de movimiento activo para la rehabilitación de afecciones como lesiones de la espina dorsal y la poliomielitis.
    a. Margaret Knott
    b. Dorothy Voss
    c. Herman Kabat
    d. James Cyriax ____

23. Los movimientos de estiramiento activo utilizados en el masaje atlético siguen los mismos principios de:
    a. facilitación propioceptiva neuromuscular
    b. técnica de energía muscular
    c. técnica neuromuscular
    d. ninguna respuesta ____

24. ¿Qué técnica se basa en la inhibición recíproca y en la relajación postisométrica?
   a. técnica neuromuscular
   b. facilitación propioceptiva neuromuscular
   c. compresión profunda
   d. técnica de energía muscular ____

25. ¿Qué aplicación del masaje atlético se usa después de un evento para normalizar los tejidos y relajar al atleta?
   a. reconstituyente
   b. postevento
   c. de reconstitución
   d. todas las respuestas ____

26. El masaje __________, que se aplica en el lugar donde se realizará el evento deportivo, está diseñado para ayudar a los atletas a prepararse para su participación en dicho evento o recuperarse.
   a. de eventos
   b. de rehabilitación
   c. reconstituyente
   d. integrador ____

27. El masaje preevento es
   a. de ritmo rápido
   b. vigorizante
   c. de ritmo rápido y vigorizante
   d. ni de ritmo rápido ni vigorizante

28. ¿Cuál de las siguientes afirmaciones acerca del masaje preevento es *falsa*?
   a. El masaje preevento es un sustituto del precalentamiento.
   b. Para el masaje preevento no se usan lubricantes.
   c. El masaje preevento provoca hiperemia.
   d. El masaje preevento suele aplicarse sobre la ropa. ____

29. Los objetivos principales del masaje intraevento incluyen todos los siguientes *excepto*:
   a. ayudar a los tejidos a prepararse para un evento
   b. fomentar la recuperación rápida de la actividad previa
   c. trabajar sobre las lesiones del tejido blando
   d. trabajar sobre las áreas de tensión que se desarrollaron durante el evento ____

30. ¿Cuál de las siguientes preguntas sirve para determinar el estado mental del atleta?
   a. ¿Dónde preferirías que me concentre?
   b. ¿Cómo te sientes con tu rendimiento?
   c. ¿Has comido o bebido algo?
   d. ¿Qué tal te fue en el entrenamiento? ____

31. ¿El masaje preevento boca abajo en la espalda y parte superior del cuerpo termina con qué técnica?
    a. toques a modo de effleurage
    b. tapotement suave
    c. compresión
    d. fricción circular
    ____

32. Cuando se practica una liberación de la escápula, coloque el brazo sobre la cabeza y aplique tracción durante __________ a __________ segundos.
    a. 2, 3
    b. 5, 7
    c. 10, 12
    d. 12, 15
    ____

33. En el procedimiento boca abajo, parte inferior del cuerpo, ¿qué técnica se lleva a cabo sobre el gastrocnemio?
    a. petrissage
    b. compresión
    c. petrissage y compresión
    d. ni petrissage ni compresión

34. Para estirar los cuádriceps en el procedimiento boca arriba, parte inferior del cuerpo, el atleta debe ubicarse:
    a. boca arriba
    b. de costado
    c. boca abajo
    d. sentado
    ____

35. ¿El masaje de pecho y brazos termina con cuál de las siguientes opciones?
    a. petrissage en los antebrazos
    b. effleurage subiendo por el brazo
    c. rango de movimiento del hombro
    d. sacudida del brazo
    ____

36. Los beneficios del masaje de entrenamiento incluyen todos los siguientes excepto:
    a. mayor circulación linfática
    b. menor circulación sanguínea
    c. eliminación de desechos metabólicos más eficiente
    d. menor posibilidad de lesiones
    ____

37. En el masaje reconstituyente, las restricciones fasciales se tratan con técnicas miofasciales que incluyen todas las siguientes *excepto*:
    a. liberaciones de planos amplios
    b. amasado de la piel
    c. compresión
    d. tracción
    ____

38. Al tratar los esguinces de tobillo, el terapeuta usa el pulgar y el índice para aplicar ____________ sobre los puntos de estrés cerca del hueso del tobillo.
    a. fricción transversal a la fibra
    b. presión
    c. fricción transversal a la fibra y presión
    d. ni fricción transversal a la fibra ni presión ____

39. En el masaje atlético de la zona de la cadera, cuál de las siguientes opciones *no* es una zona de estrés principal?
    a. parte posterior de las piernas
    b. rodillas
    c. nalgas
    d. laterales de la cadera ____

40. ¿Cuál de las siguientes actividades puede lesionar los ligamentos, los tendones o los músculos?
    a. ciclismo
    b. levantamiento de pesas
    c. ciclismo y levantamiento de pesas
    d. ni ciclismo ni levantamiento de pesas ____

41. Las lesiones de la articulación del hombro a menudo son provocadas por deportes como todos los siguientes *excepto*:
    a. ciclismo
    b. baloncesto
    c. béisbol
    d. bolos ____

42. El masaje atlético de rehabilitación logra
    a. reducir el edema
    b. desactivar los puntos gatillo
    c. aumentar el rango de movimiento
    d. todas las respuestas ____

43. ¿Qué modalidad terapéutica es útil en el masaje de rehabilitación para controlar la inflamación?
    a. masaje linfático
    b. técnicas miofasciales
    c. masaje sueco
    d. técnicas neuromusculares ____

44. Todos los siguientes son ejemplos de lesiones deportivas traumáticas *excepto*:
    a. ligamentos desgarrados
    b. articulaciones dislocadas
    c. huesos quebrados
    d. músculos esguinzados ____

45. ¿Qué grado de esguince o torcedura se caracteriza por hinchazón y posible cambio de coloración?
   a. I
   b. II
   c. III
   d. IV
   ____

46. ¿Qué fase de la curación de las lesiones del tejido blando también se conoce como etapa de regeneración?
   a. aguda
   b. subaguda temprana
   c. inflamatoria
   d. de remodelación
   ____

47. Las técnicas miofasciales se aplican en la zona de la lesión o alrededor de ésta para ayudar a generar una cicatriz fuerte y flexible durante la siguiente fase de curación del tejido blando:
   a. de maduración
   b. aguda
   c. crónica
   d. subaguda temprana
   ____

48. Todas las opciones siguientes son ejemplos de lesión crónica *excepto*:
   a. tendinitis
   b. codo de tenista
   c. hombro dislocado
   d. síndrome de la banda iliotibial
   ____

49. El tejido conectivo fino que cubre las fibras musculares es el:
   a. endomisio
   b. fascículo
   c. epimisio
   d. sarcolema
   ____

50. ¿Cuál de las siguientes opciones es un efecto positivo de la inflamación?
   a. curación lenta
   b. inmovilización de la zona
   c. tejido dañado
   d. todas las respuestas
   ____

51. Durante la curación, la formación de colágeno que reconecta el tejido lesionado forma:
   a. la fascia
   b. el tejido de cicatrización
   c. los fibroblastos
   d. los fascículos
   ____

52. La conducta del profesional como una acción imprudente o la falta de precauciones razonables se considera:
   a. mala praxis
   b. contraindicaciones
   c. juicio
   d. negligencia
   ____

Parte 3: Práctica del masaje

CHAPTER 19: MASAJES PARA GRUPOS ESPECIALES

OPCIÓN MÚLTIPLE

1. Todos los siguientes son grupos especiales que exigen consideraciones especiales para la terapia de masaje *excepto* :
   a. personas de edad avanzada
   b. personas sedentarias
   c. embarazadas
   d. pacientes con enfermedades críticas ____

2. El masaje durante el embarazo se denomina masaje ____________.
   a. prenatal
   b. natal
   c. perinatal
   d. padrinatal ____

3. ¿Durante el embarazo, el cuerpo de una mujer sufre qué tipo de cambios?
   a. hormonales
   b. físicos
   c. hormonales y físicos
   d. ni hormonales ni físicos ____

4. Todos los siguientes son cambios físicos provocados por el embarazo *excepto*:
   a. crecimiento de los pechos
   b. tensión en la parte baja de la espalda
   c. frecuentes cambios de estado de ánimo
   d. aumento de peso ____

5. Para la clienta embarazada ubicada en posición supina, deben usarse almohadones o una cuña de espuma para sostenerla en posición ____________.
   a. reclinada
   b. de costado
   c. semireclinada
   d. sentada ____

6. La posición supina debe usarse con precaución durante los trimestres segundo y tercero del embarazo porque el feto puede presionar sobre:
   a. el corazón
   b. los riñones
   c. nervio ciático
   d. la aorta descendente ____

7. Durante el embarazo, el masaje en la parte inferior de la espalda se puede aplicar en la posición ____________.
   a. decúbito prono
   b. supina
   c. acostada de costado
   d. todas las respuestas ____

8. ¿Cuál de las siguientes opciones *no* constituye una contraindicación para el masaje prenatal?
   a. presión arterial alta
   b. disminución del movimiento fetal
   c. edema menor
   d. malestar matinal ____

9. ¿Cuál de las siguientes opciones es síntoma de preeclampsia?
   a. edema
   b. presión arterial alta
   c. retención de sodio
   d. todas las respuestas ____

10. ¿Los efectos de la progesterona y la relaxina sobre los vasos sanguíneos pueden provocar cuál de las siguientes situaciones?
   a. edema
   b. preeclampsia
   c. venas varicosas
   d. aborto espontáneo ____

11. ¿Un embarazo humano normal dura cuánto tiempo?
   a. 7 meses
   b. 40 semanas
   c. 35 semanas
   d. 10 meses ____

12. Los factores de alto riesgo en el primer trimestre incluyen todos los siguientes *excepto*:
   a. abortos espontáneos previos
   b. edad de la madre
   c. padre con sangre Rh negativo
   d. gestación de gemelos ____

13. ¿Qué consideraciones especiales deben tenerse cuando la clienta sufre de malestar matinal en el primer trimestre del embarazo?
   a. concentrarse en movimientos rítmicos
   b. programar el masaje cuando los síntomas sean mínimos
   c. concentrarse en el masaje abdominal
   d. todas las respuestas ____

14. El segundo trimestre del embarazo dura desde la semana ____________ a la ____________.
   a. 3, 12
   b. 8, 16
   c. 12, 24
   d. 14, 26 ____

15. En el segundo trimestre del embarazo, el cuerpo comienza a producir la hormona ____________, que ablanda los tejidos conectivos de la pelvis.
   a. relaxina
   b. toxemia
   c. relaxina y toxemia
   d. ni relaxina ni toxemia ____

16. En el tercer trimestre del embarazo, la presión sobre ____________ provoca dificultad para respirar e hiperventilación.
   a. el útero
   b. las venas
   c. el corazón
   d. el diafragma ____

17. __________ son las contracciones suaves e irregulares de práctica que aparecen en el tercer trimestre del embarazo mientras los músculos uterinos se tensan por períodos breves.
a. Dilatores
c. Relaxinas
b. Braxton-Hicks
d. Contracciones por estrés ____

18. En 1973, Vimala Schneider McClure presenció el masaje infantil en:
a. Bali
c. India
b. Nigeria
d. Rumania ____

19. ¿Quién fundó la *International Loving Touch Foundation* en 1992?
a. Diana Moore
c. Frederick Leboyer
b. Vimala Schneider McClure
d. Tiffany Field ____

20. La persona o las personas responsables de criar a un niño se denominan:
a. consultores prenatales
c. apoderado del menor
b. cuidador primario
d. ninguna respuesta ____

21. Todos los siguientes son beneficios del masaje infantil *excepto*:
a. creación de un vínculo
b. inhibición del sistema digestivo
c. alivio de tensión y dolor
d. relajación ____

22. Durante el masaje infantil, un bebé que duerme indica:
a. relajación
c. pérdida de interés
b. interés
d. un tratamiento exitoso ____

23. Una posible opción de lubricante para el masaje infantil es aceite __________.
a. de semillas de uva
c. de almendra dulce
b. de oliva
d. todas las respuestas ____

24. La rutina de masaje infantil para los cólicos termina con
a. petrissage en la dirección de las agujas del reloj
c. fricción circular
b. fricción hacia adelante
d. *effleurage* ____

25. En la rutina de masajes para la cabeza y el rostro en bebés sanos, ¿qué parte del cuerpo se masajea primero?
a. frente
c. nariz
b. mandíbula
d. cuero cabelludo ____

26. Una persona de edad avanzada con vitalidad limitada y enfermedad asociada con la edad se considera:
a. vital
c. frágil
b. robusta
d. discapacitada ____

27. Al trabajar con clientes con dificultades auditivas, las consideraciones incluyen todas las siguientes *excepto*:
    a. tocar al cliente en el hombro
    b. interpretar las pistas no verbales como las sacudidas
    c. señalar para comunicarse
    d. brindar aparatos de ayuda para movilizarse ____

28. ¿Cuál de las siguientes opciones *no* es un aparato de ayuda para la movilidad?
    a. muletas
    b. perro lazarillo
    c. andador
    d. silla de ruedas ____

29. Una apoplejía o accidente cerebrovascular puede paralizar un lado del cuerpo, algo que se conoce como:
    a. cuadriplejía
    b. hemiplejía
    c. paraplejía
    d. tetraplejía ____

30. Las lesiones de la médula torácica o lumbar paralizan las piernas y la parte inferior del cuerpo en una afección denominada:
    a. confinación a silla de ruedas
    b. paraplejía
    c. hemiplejía
    d. cuadriplejía ____

31. La parálisis a largo plazo suele estar acompañada de:
    a. rigidez articular
    b. atrofia muscular
    c. rigidez articular y atrofia muscular
    d. ni rigidez articular ni atrofia muscular

32. El agente causal del síndrome de inmunodeficiencia adquirida (SIDA) es:
    a. la cándida
    b. el virus de inmunodeficiencia humana
    c. el sarcoma de Kaposi
    d. la toxoplasmosis ____

33. La culebrilla, una infección oportunista asociada con el SIDA, es una forma del virus
    a. herpes
    b. cándida
    c. meningitis
    d. neumonía ____

34. ____________ es cáncer de las células que recubren determinados vasos sanguíneos.
    a. Varicela-zóster
    b. Sarcoma de Kaposi
    c. Cándida albicans
    d. Mieloma ____

35. Para los pacientes de cáncer, los beneficios del masaje incluyen todos los siguientes *excepto*:
   a. mayor flexibilidad
   b. disminución del movimiento linfático
   c. reducción de la ansiedad
   d. mejor eliminación ____

36. Menos de ________ por ciento de las células metastásicas de un tumor sobreviven en el torrente sanguíneo.
   a. 20
   b. 10
   c. 5
   d. 1 ____

37. ¿En qué etapa de la metástasis las células malignas viables alcanzan el lecho capilar de un tejido huésped preferido?
   a. invasión directa
   b. células que se desprenden del tumor primario
   c. implantación de células cancerosas en sitios secundarios
   d. circulación a través de los vasos sanguíneos y linfáticos ____

38. El tipo de cáncer que se origina en el tejido linfático se denomina:
   a. sarcoma
   b. carcinoma
   c. linfoma
   d. leucemia ____

39. Las células cancerosas altamente anormales no diferenciadas se consideran de grado:
   a. 1
   b. 2
   c. 3
   d. 4 ____

40. Las etapas del cáncer cuantifican lo siguiente para expresar la extensión de la enfermedad
   a. el estado del tumor primario
   b. el compromiso de los ganglios linfáticos regionales
   c. las áreas de metástasis
   d. todas las respuestas ____

41. En la etapa ________, el cáncer está muy desarrollado y se ha diseminado a otros tejidos u órganos.
   a. I
   b. II
   c. III
   d. IV ____

42. ¿Cuál de las siguientes abreviaturas se usa para indicar que no hay indicios de tumor?
   a. NX
   b. N0
   c. T1-4
   d. T0 ____

43. Todos los siguientes son tratamientos comunes para el cáncer *excepto*:
   a. administración de esteroides
   b. radiación
   c. trasplante de linfa
   d. quimioterapia ____

44. Para el masajista, ¿la cirugía aumenta las posibilidades de qué consideración importante?
   a. náuseas
   b. coágulos
   c. edema
   d. todas las respuestas ____

45. ¿Cuál de las siguientes no es un efecto secundario de la quimioterapia?
   a. náuseas
   b. fiebre
   c. vértigo
   d. aumento del recuento de plaquetas ____

46. La reducción del recuento de glóbulos rojos provoca anemia, que causa
   a. fatiga
   b. intolerancia al frío
   c. falta de aire
   d. todas las respuestas ____

47. Cuando el tratamiento del cáncer reduce el recuento plaquetario de un cliente, éste puede ser propenso a
   a. hematomas
   b. sangrado
   c. hematomas y sangrado
   d. ni hematomas ni sangrado ____

48. Cuando __________ están bajos/as, el sistema inmune del cliente puede estar comprometido, volviéndolo más vulnerable a la infección.
   a. los glóbulos blancos
   b. los glóbulos rojos
   c. las plaquetas
   d. todas las respuestas ____

49. El término alopecia es otro nombre para:
   a. inflamación
   b. caída de cabello
   c. náuseas
   d. irritación de la piel ____

50. El término médico para la pérdida de peso es:
   a. alopecia
   b. caquexia
   c. neuropatía
   d. patogénesis ____

51. Cuando la quimioterapia afecta el sistema nervioso central o periférico, puede ocurrir todo lo siguiente *excepto*:
   a. sensaciones de ardor
   b. dolor
   c. intolerancia al frío
   d. sensación de hormigueo ____

52. ¿Qué forma de tratamiento del cáncer requiere el tatuaje del cuerpo del paciente?
    a. la quimioterapia
    b. el trasplante de médula ósea
    c. la radiación
    d. la cirugía ____

53. ¿Un cliente que siente náuseas mientras está bajo tratamiento con radiación debería evitar cuál de las siguientes opciones?
    a. técnicas de movimiento pasivo
    b. balanceo
    c. movimientos articulares
    d. todas las respuestas ____

54. Para los clientes con cáncer, las sesiones de masaje deben ajustarse según
    a. el cáncer
    b. el tratamiento del cáncer
    c. el nivel de salud del cliente
    d. todas las respuestas ____

55. En los centros de cuidados paliativos, los pacientes suelen tener prognosis de:
    a. remisión de la enfermedad
    b. menos de 6 meses de vida
    c. recurrencia del cáncer
    d. 6 meses de rehabilitación ____

56. Los pacientes en centros de cuidados paliativos no suelen tolerar más de __________ a __________ minutos de toques.
    a. 5, 10
    b. 10, 15
    c. 15, 20
    d. 25, 30 ____

57. ¿Qué tipo de trabajo energético puede ayudar a los pacientes en centros de cuidados paliativos a aceptar la muerte como parte de la vida?
    a. toque terapéutico
    b. reiki
    c. toque terapéutico y reiki
    d. ni el toque terapéutico ni el reiki

Parte 3: Práctica del masaje

CAPÍTULO 20: EL MASAJE EN LA MEDICINA

OPCIÓN MÚLTIPLE

1. Hay pruebas de que los griegos utilizaban tratamientos similares al masaje con fines médicos en la época de:
   a. Rhazes
   b. Hipócrates
   c. Avicena
   d. Mercurialis ____

2. Para el siglo XVI, en occidente, los médicos comenzaron a utilizar nuevamente:
   a. el ejercicio
   b. la gimnasia
   c. la mecanoterapia
   d. todas las respuestas ____

3. El sistema de Per Henrik Ling de gimnasia médica se conoce como la cura ________ .
   a. del movimiento
   b. sueca
   c. del movimiento o sueca
   d. ni del movimiento ni sueca ____

4. ¿Quién completó la capacitación entera en la Cura del movimiento en el Instituto Sotherberg en Estocolmo antes de regresar a Nueva York?
   a. Charles Fayette Taylor
   b. Mary McMillan
   c. Douglas Graham
   d. George Henry Taylor ____

5. En 1902, ________ publicó *Manual Therapies, A Treatise on Massage.*
   a. Mary McMillan
   b. Douglas Graham
   c. James Mennell
   d. Charles Fayette Taylor ____

6. Hasta aproximadamente 1945, el masaje para tratar las afecciones ________ continuó expandiéndose en los Estados Unidos.
   a. del estrés
   b. crónicas
   c. linfáticas
   d. ortopédicas ____

7. Los osteópatas ingleses Stanley Lief y Boris Chaitow desarrollaron:
   a. la terapia de puntos gatillo
   b. la técnica neuromuscular (NMT)
   c. las técnicas de fibras cruzadas
   d. la terapia craneosacral ____

8. Las técnicas que trataron con eficacia afecciones de los tejidos blandos en atletas también trataron con eficacia la siguiente clase de afecciones en la población general:
   a. hipertónicas
   b. disfuncionales
   c. hipertónicas y disfuncionales
   d. ni hipertónicas ni disfuncionales

9. La medicina ____________ trata enfermedades o lesiones con medicamentos y cirugía.
   a. alopática
   b. alternativa
   c. holística
   d. integradora ____

10. El término *medicina* ____________ reemplazó el término *medicina alternativa* en la década de 1980.
   a. alopática
   b. complementaria
   c. holística
   d. integradora ____

11. La sigla CAM significa medicina ____________.
   a. alopática complementaria
   b. complementaria y alternativa
   c. alopática colectiva
   d. ninguna respuesta ____

12. ¿Cuál de las siguientes opciones se considera una modalidad CAM?
   a. terapia de humor
   b. hidroterapia
   c. quiropraxia
   d. todas las respuestas ____

13. ¿Cuál de los siguientes términos significa tener una visión integral?
   a. holística
   b. integradora
   c. alternativa
   d. complementaria ____

14. ¿Cuál de los siguientes *no* es considerada una técnica cuerpo mente?
   a. imágenes guiadas
   b. nutrición
   c. meditación
   d. yoga ____

15. ¿La medicina integradora combina la medicina alopática con cuál de los siguientes tipos de medicina?
   a. complementaria
   b. alternativa
   c. complementaria y alternativa
   d. ni complementaria ni alternativa

16. Un estudio de Eisenberg reveló que en 1997 los estadounidenses gastaron más de ____________ de dólares en terapias alternativas.
   a. 300 millones
   b. 562 mil millones
   c. 825 millones
   d. 27 mil millones ____

17. De acuerdo con una encuesta realizada en 2007, las afecciones para las cuales se utilizaban CAM con más frecuencia incluían todas las siguientes *excepto*:
    a. dolores de cabeza
    b. insomnio
    c. lesiones del tejido blando
    d. dolor articular ____

18. Al trabajar con quiroprácticos con clientes que tienen lesiones de los tejidos blandos, los masajistas hacen todo lo siguiente *excepto*:
    a. desactivar puntos gatillo
    b. aumentar la circulación
    c. reducir espasmos
    d. ajustar las articulaciones ____

19. Encabezando la lista de tratamientos para pacientes que recurren a la medicina integradora está:
    a. la meditación
    b. el yoga
    c. el masaje
    d. la quiropraxia ____

20. ¿Qué tipo de masaje reduce el dolor y aumenta el rango de movimiento y la función a una zona en particular del cuerpo?
    a. drenaje linfático
    b. masaje ortopédico
    c. shiatsu
    d. terapia craneosacral ____

21. ¿En el contexto de un hospital, el terapeuta tal vez deba demostrar ciertas competencias usando cuál de los siguientes métodos?
    a. exámenes orales
    b. exámenes escritos
    c. demostraciones prácticas
    d. todas las respuestas ____

22. En el contexto de un hospital, el masajista debe seguir las normas del hospital sobre:
    a. información del paciente
    b. seguridad del paciente
    c. confidencialidad de los registros
    d. todas las respuestas ____

23. ¿Qué se transforma en la herramienta de comunicación entre las varias modalidades en el contexto de un hospital?
    a. la comunicación verbal
    b. los registros precisos
    c. la comunicación no verbal
    d. todas las respuestas ____

24. En el contexto de un hospital, el terapeuta no puede dar un masaje a un paciente sin ____________ de un médico.
    a. la recomendación
    b. la derivación
    c. la receta
    d. todas las respuestas ____

25. Antes de que un hospital pueda reclamar un pago por servicios de masaje de una compañía de seguros, necesita
    a. el pago del paciente
    b. la receta del médico
    c. la derivación del médico
    d. todas las respuestas ____

26. En el contexto de un hospital, el masaje a menudo es realizado:
    a. en la cama del hospital del paciente
    b. solamente por la mañana
    c. en una sala de masaje
    d. por un médico ____

27. El masaje antes de la cirugía reduce
    a. la ansiedad del paciente
    b. el tiempo de recuperación del paciente
    c. la ansiedad y el tiempo de recuperación del paciente
    d. ni la ansiedad ni el tiempo de recuperación del paciente ____

28. ¿Artritis y bursitis son ejemplos de qué situación en la cual está contraindicado el masaje?
    a. várices
    b. articulaciones inflamadas
    c. infección
    d. cáncer ____

29. ¿Cuál de los siguientes *no* es una señal de advertencia relacionada con el cáncer y está en contraindicación para el masaje?
    a. bulto en el seno
    b. dolor de garganta persistente
    c. lunar que cambia de color
    d. edema excesivo ____

30. Es correcto decir que el masaje médico:
    a. es recetado por un médico
    b. puede tener lugar en el consultorio de un masajista
    c. se efectúa para tratar afecciones médicas diagnosticadas
    d. todas las respuestas ____

31. ¿Cuál de las siguientes opciones es una afección diagnosticada para la cual se recomienda el masaje médico?
    a. osteoartritis
    b. síndrome del túnel carpiano
    c. lesión atlética
    d. todas las respuestas ____

32. La facturación adecuada para cobrar un reembolso requiere todo lo siguiente *excepto*:
    a. registros precisos
    b. método SOAP de registros
    c. comunicación clara con el agente de la compañía
    d. ser muy detallista cuado se preparan los reclamos ____

33. ¿Cuál de los siguientes tipos de coberturas de seguros es más probable que cubra servicios de masoterapia?
    a. seguro por accidente de trabajo
    b. PPO
    c. Medicaid
    d. Medicare ____

34. A los fines de la verificación del seguro, el número de identificación el cliente suele ser el mismo que:
    a. el número del Seguro Social
    b. el nombre del titular de la póliza
    c. el número de reclamo
    d. el código CPT ____

35. ¿Al momento del servicio, el cliente debe pagar cuál de las siguientes opciones?
    a. honorarios
    b. reembolso
    c. copago
    d. desembolso ____

36. En una receta médica, el tratamiento indicado es el
    a. ICD-9
    b. número de licencia
    c. número de reclamo
    d. código CPT ____

37. Al hablar con un agente de seguros, ¿qué podría preguntar el terapeuta sobre el deducible?
    a. ¿Cuántas sesiones se permiten?
    b. ¿Cuándo se renueva el deducible?
    c. ¿Cuánto tiempo se permite por tratamiento según el diagnóstico?
    d. todas las respuestas ____

38. ¿Qué formulario permite a la aseguradora enviar los beneficios reclamados directamente al terapeuta por los servicios prestados?
    a. Formulario de acuerdo de pago
    b. Formulario de asignación de beneficios
    c. Formulario de divulgación de información médica
    d. Formulario de admisión ____

39. El formulario ____________ puede ser parte del Formulario de admisión o un documento separado.
    a. Asignación de beneficios
    b. Evaluación inicial
    c. Consentimiento informado
    d. Historia clínica ____

40. La *Health Care Financing Administration* creó el formulario ____________ para que los proveedores de servicios pudieran facturar a las aseguradoras por gastos médicos.
    a. 1500 de reclamo de seguro médico
    b. SOAP
    c. Acuerdo de pago
    d. CMS ____

41. En el tipo de documentación denominado SOAP, la letra *P* significa:
    a. prognosis c. médico (physician)
    b. plan d. palpatorio ____

42. Los códigos CPT están ordenados según:
    a. especialidad médica
    b. ubicación de la lesión
    c. especialidad medica y ubicación de la lesión
    d. ni especialidad médica ni ubicación de la lesión ____

43. El código CPT para la tracción manual es:
    a. 97010 c. 97140
    b. 97124 d. 1500 ____

44. ¿Con qué frecuencia cambian los códigos CPT?
    a. anualmente c. mensualmente
    b. diariamente d. semanalmente ____

Parte 3: Práctica del masaje

CAPÍTULO 21— OTRAS TERAPIAS SOMÁTICAS

OPCIÓN MÚLTIPLE

1. ¿Qué tipo de masaje se realiza en aeropuertos, centros comerciales y supermercados?
   a. acupuntura
   b. masaje en silla
   c. Feldenkrais
   d. todas las respuestas ____

2. En todas las siguientes modalidades se trabaja de manera regular con clientes en posición sentada *excepto* la modalidad:
   a. Rolfing
   b. método Trager
   c. Feldenkrais
   d. técnica Alexander ____

3. El masaje en silla fue formulado y popularizado por:
   a. Charles Fayette Taylor
   b. Stanley Lief
   c. David Palmer
   d. Bruno Chikly ____

4. Hoy en día, la mayoría de las escuelas de terapia corporal incluyen alguna forma de ____________ en sus asignaturas comunes.
   a. masaje en silla
   b. reiki
   c. shiatsu
   d. Feldenkrais ____

5. Para aquellos que tienen experiencias negativas con el toque, ¿el masaje en silla es una manera de volver a introducir cuál de las siguientes opciones?
   a. técnicas de trabajo corporal
   b. centrado corporal
   c. toque emocional
   d. toque positivo ____

6. El costo promedio de una camilla por semana es de $ ____________ a $ ____________.
   a. 5, 15
   b. 25, 40
   c. 45, 60
   d. 50, 80 ____

7. El masaje en silla es la manera más fácil de experimentar un masaje por primera vez porque:
   a. es fácil de aprender
   b. no tiene contraindicaciones
   c. es de bajo costo
   d. todas las respuestas ____

8. Los estudiantes de la técnica del masaje en silla pueden comenzar a practicarla antes que otros terapeutas porque
   a. lleva menos tiempo que el masaje en camilla
   b. es más fácil de aprender que el masaje en camilla
   c. es muy versátil
   d. no requiere estudio formal ____

9. El masajista accede sin dificultad a todas las siguientes partes del cuerpo cuando practica el masaje en silla *excepto* el/la:
   a. espalda c. abdomen
   b. cuello d. cadera ____

10. El lugar de apoyo de la cara y el apoyabrazos de la silla para masajes deben ser desinfectados después de cada uso con:
    a. una toallita antimicrobiana c. cloro
    b. agua y jabón d. desinfectante de manos ____

11. Un cliente en posición sentada puede experimentar una repentina caída en su presión arterial, lo que podría llevar a sufrir síntomas de:
    a. edema c. enfermedad cardíaca
    b. dolor de espalda d. desmayo ____

12. Los clientes en posición sentada suelen desmayarse o sentir síntomas de desmayo debido a:
    a. bajo nivel de azúcar en sangre
    b. antecedentes de desmayos
    c. bajo nivel de azúcar en sangre y antecedentes de desmayos
    d. ni bajo nivel de azúcar en sangre ni antecedentes de desmayos ____

13. ¿Cuál de las siguientes opciones *no* es señal de que el cliente está a punto de desmayarse?
    a. náuseas c. sudoración repentina
    b. dolor de cabeza d. mareo ____

14. ¿El masaje en silla debería terminar con cuál de las siguientes técnicas de masaje?
    a. compresión c. fricción circular
    b. toques delicados (como el roce de una pluma) d. golpeteo suave ____

15. ____________ se basa en el principio de que existen puntos reflejos en las manos y los pies relacionados con cada órgano y área del cuerpo.
    a. El masaje sueco c. La reflexología
    b. El masaje en silla d. El masaje linfático ____

16. Las raíces de la reflexología se remontan a más de 4000 años, a los jeroglíficos pintados en el/la antiguo/a:
    a. China
    b. Roma
    c. Egipto
    d. India ____

17. ¿La reflexología occidental comenzó como cuál de las siguientes opciones?
    a. shiatsu
    b. watsu
    c. terapia de zonas
    d. acupuntura ____

18. *Stories the Feet Can Tell* fue escrito por __________, que alentó la popularidad de la reflexología.
    a. Joe Riley
    b. Eunice Ingham
    c. David Palmer
    d. William Fitzgerald ____

19. Durante la reflexología, el terapeuta puede lograr cambios beneficioso en una zona del cuerpo distante pero relacionada, aplicando presión a:
    a. un punto reflejo
    b. un punto gatillo
    c. los pulgares
    d. el sacro ____

20. Durante una sesión de reflexología, el masajista siente las inconsistencias y áreas sensibles en:
    a. las manos
    b. los pies
    c. las orejas
    d. todas las respuestas ____

21. Al practicar reflexología en el pie, el masajista puede necesitar cambiar de mano para:
    a. llegar a la parte inferior del pie
    b. mantener la muñeca derecha
    c. caminar con los pulgares
    d. todas las respuestas ____

22. La acupuntura se originó en China hace más de __________ años.
    a. 500
    b. 1,000
    c. 5,000
    d. 10,000 ____

23. La práctica tradicional china en la que la piel se pincha con agujas muy finas en puntos específicos se llama:
    a. reflexología
    b. acupuntura
    c. reiki
    d. shiatsu ____

24. En la filosofía oriental, *yin* y *yang* son parte de:
    a. chakras
    b. reflejo
    c. chi
    d. tao ____

25. *Yin* y *yang* se consideran como __________ del mismo fenómeno y existen únicamente en relación con el otro.
    a. opuestos
    b. problemas
    c. opuestos y problemas
    d. ni opuestos ni problemas ____

26. Cuando el *yang* es excesivo, el *yin* es:
    a. activo
    b. deficiente
    c. sobreactivo
    d. todas las respuestas ____

27. En el pensamiento oriental, el cuerpo interior está representado por:
    a. *yin*
    b. *yang*
    c. *tao*
    d. ninguna respuesta ____

28. Cuando el *yin* y el *yang* están en equilibrio, el resultado es:
    a. dolor
    b. falta de armonía
    c. enfermedad
    d. bienestar ____

29. Cuando el *yin* y el *yang* se desequilbran mucho, se separan y provocan:
    a. enfermedad
    b. muerte
    c. miedo
    d. ansiedad ____

30. La fuerza vital de toda la materia viva se conoce como:
    a. biofuerza
    b. bioenergía
    c. biofuerza y bioenergía
    d. ni biofuerza ni bioenergía ____

31. ¿Cuál de las siguientes opciones *no* es uno de los cinco aspectos interrelacionados de la energía manifestada por el *chi*?
    a. agua
    b. metal
    c. aire
    d. madera ____

32. El meridiano *chi* tiene 12 meridianos bilaterales o canales que se asocian con:
    a. la respiración
    b. los órganos
    c. la digestión
    d. el flujo de la linfa ____

33. El meridiano *chi* tiene pequeñas áreas de alta conductividad denominadas:
    a. *chi*
    b. agujas
    c. acupuntos
    d. puntos de presión ____

34. ¿Cuál de los siguientes meridianos de los órganos se clasifica con el elemento tierra?
a. pulmón
b. bazo
c. el hígado
d. riñón ____

35. ¿Cuál de los siguientes meridianos de los órganos se clasifica como *yang*?
a. estómago
b. el intestino grueso
c. vesícula biliar
d. todas las respuestas ____

36. El punto de partida del meridiano del órgano intestino grueso es:
a. el pecho
b. la planta del pie
c. la parte media del ojo
d. el dedo índice ____

37. La vesícula biliar se clasifica como:
a. madera
b. yin
c. fuego
d. agua ____

38. ¿La acupresión se utiliza a menudo con cuál de las siguientes opciones?
a. hierbas
b. dieta
c. meditación
d. todas las respuestas ____

39. La palabra japonesa que significa presión de los dedos o dígitos es:
a. ki
b. tsubo
c. chi
d. shiatsu ____

40. El propósito del shiatsu es:
a. aumentar la circulación
b. restaurar el equilibrio de energía
c. aumentar la circulación y restaurar el equilibrio de energía
d. ni aumentar la circulación ni restaurar el equilibrio de energía ____

41. Los centros de energía circulares que se mueven como pequeños tornados se denominan:
a. tsubo
b. chakras
c. chi
d. shiatsu ____

42. ¿Cuál de las siguientes opciones puede usarse para abrir y equilibrar los chakras?
a. cristales
b. péndulos
c. cristales y péndulos
d. ni cristales ni péndulos ____

43. Todas las siguientes opciones son técnicas de energía *excepto*:
   a. yoga
   b. terapia de la polaridad
   c. reiki
   d. toque para la salud o saludable ____

44. ¿El masaje ayurvédico es un ejemplo de qué técnica?
   a. de energía
   b. manipulativa
   c. aromaterapia
   d. de movimiento ____

Parte 4: Administración comercial de negocios de masajes

CAPÍTULO 22: PRÁCTICAS COMERCIALES

OPCIÓN MÚLTIPLE

1. El masajista independiente actúa como:
   a. dueño
   b. tenedor de libros
   c. encargado de mantenimiento
   d. todas las respuestas ____

2. Llevar registros contables, entender las leyes y reglamentaciones, y familiarizarse con los requisitos en materia de seguros son parte de:
   a. la información publicitaria
   b. los procedimientos comerciales
   c. las relaciones con el cliente
   d. todas las respuestas ____

3. Los empleados pueden ser remunerados por hora o por:
   a. comisión
   b. minuto
   c. tarifa plana
   d. ninguna respuesta ____

4. ¿Cuál de las siguientes opciones *no* es una ventaja de trabajar como empleado en un centro de masajes?
   a. provisión de equipo personal
   b. recepción del pago con regularidad
   c. beneficios para los empleados
   d. horario regular ____

5. ¿Cuál de las siguientes opciones es un posible lugar de trabajo para el masajista?
   a. spa
   b. clubes deportivos
   c. hospitales
   d. todas las respuestas ____

6. ¿Dónde puede buscar el masajista avisos de trabajo?
   a. en Internet
   b. en los clasificados del periódico local
   c. en Internet y en los clasificados del periódico local
   d. ni en Internet ni en los clasificados del periódico local ____

7. Un(a) __________ debe indicar por qué el posible empleado desea trabajar para una empresa.
   a. carta de presentación
   b. C.V.
   c. afiliación
   d. historia laboral ____

8. ¿La lista de membresías de asociaciones debe aparecer en qué parte del C.V.?
   a. información de contacto
   b. educación
   c. calificaciones
   d. afiliaciones ____

9. ¿El empleado potencial debe indicar el puesto que le interesa en qué sección de la carta de presentación?
   a. introducción
   b. cuerpo
   c. historia laboral
   d. cierre ____

10. ¿Antes de la entrevista, el empleado potencial debe visitar qué cosa de la empresa?
    a. el sitio Web
    b. la ubicación
    c. el sitio Web y la ubicación
    d. ni el sitio Web ni la ubicación ____

11. En una entrevista laboral, los candidatos deben estar preparados para responder preguntas sobre todo lo siguiente *excepto*:
    a. metas profesionales
    b. beneficios que le traería a la empresa
    c. antecedentes de salud
    d. calificaciones ____

12. ¿Cuál de los siguientes *no* se ve profesional?
    a. accesorios mínimos
    b. mascar chicle con discreción para mantener el aliento fresco
    c. zapatos limpios y lustrados
    d. cabello prolijo ____

13. Dentro de las 24 horas posteriores a la entrevista, el empleado potencial debe:
    a. llamar al entrevistador
    b. enviar una carta de agradecimiento
    c. volver a visitar la compañía
    d. ninguna respuesta ____

14. Una buena imagen de uno mismo y una actitud positiva son las bases para generar un(a) buen(a):
    a. registro comercial
    b. lista de clientes
    c. educación sobre masajes
    d. imagen pública ____

15. Todas las siguientes opciones son verdaderas sobre los contratistas independientes *excepto* que los contratistas independientes:
    a. fijan su propio horario de trabajo
    b. proporcionan sus propios materiales
    c. son responsables de sus propios impuestos
    d. se les paga por hora ____

16. ¿Establecer su propio horario de trabajo es un ejemplo de qué criterio de la Dirección General Impositiva (IRS)?
   a. control financiero
   b. relaciones con la empresa
   c. control del comportamiento
   d. base de clientes ____

17. ¿A qué tipo de masajista se le puede exigir que firme un acuerdo de no competencia?
   a. empleado
   b. contratista independiente
   c. empleado y contratista independiente
   d. ni empleado ni contratista independiente ____

18. Los masajistas que trabajan en su casa:
   a. pueden necesitar variantes especiales
   b. pueden cuidar niños mientras trabajan
   c. no necesitan salas de espera
   d. todas las respuestas ____

19. En un contexto de ____________ el propietario prepara el espacio de trabajo y todos los materiales.
   a. visitas a domicilio
   b. trabajo en casa
   c. situación de llave en mano
   d. consultorio compartido ____

20. ¿Qué opción de práctica del masaje brinda un espacio de trabajo atractivo manteniendo los gastos operativos bajos?
   a. visitas a domicilio
   b. consultorio compartido
   c. visitas a domicilio y consultorio compartido
   d. ni visitas a domicilio ni consultorio compartido ____

21. ¿La planificación del negocio incluye cuál de las siguientes opciones?
   a. determinación de prioridades
   b. establecimiento de metas
   c. declaración de misión
   d. todas las respuestas ____

22. Una cosa específica, alcanzable y mensurable que alguien se comprometa a lograr es:
   a. una misión
   b. un propósito
   c. una meta
   d. una pasión ____

23. La afirmación "Marcaré una diferencia positiva para mis clientes" es un ejemplo de:
   a. meta
   b. misión
   c. objetivo
   d. una pasión ____

24. ¿Cuál de las siguientes opciones ayuda a aclarar intenciones y a dirigir la energía creativa hacia la realización de los sueños?
a. meta
b. misión
c. objetivo
d. una pasión ____

25. ¿Para cuáles de los siguientes tipos de operaciones comerciales el masajista y el negocio constituyen una entidad legal única?
a. consultorio compartido
b. empresa unipersonal
c. sociedad de responsabilidad limitada
d. todas las respuestas ____

26. Un modelo comercial en el que dos o más socios comparten las responsabilidades y beneficios del negocio es:
a. una empresa unipersonal
b. una sociedad anónima
c. una sociedad colectiva
d. una sociedad de responsabilidad limitada ____

27. ¿Qué modelo comercial protege a los propietarios de algunas de las responsabilidades personales derivadas del negocio?
a. empresa unipersonal
b. sociedad colectiva
c. sociedad anónima
d. sociedad de responsabilidad limitada ____

28. Todos los siguientes son ejemplos de honorarios profesionales *excepto*:
a. asesor de negocios
b. folletos
c. diseñador de páginas Web
d. contador ____

29. ¿Contratar a un abogado es un ejemplo de qué tipo de costo inicial?
a. honorarios profesionales
b. gasto de operación inicial
c. publicidad
d. licencias y permisos ____

30. ¿Cuál de los siguientes factores debe tenerse en cuenta cuando se compra un negocio establecido?
a. instalaciones
b. reputación del negocio
c. ingresos y gastos previstos
d. todas las respuestas ____

31. ¿Cuál de las siguientes opciones puede ser expedida después de que el negocio ha sido inspeccionado y exento de peligros para el personal y los clientes?
a. permiso de planificación
b. licencia para masajes
c. permiso de seguridad del inmueble
d. permiso comercial ____

32. ¿Cuál de las siguientes opciones necesitan las sociedades colectivas y las compañías que contratan empleados?
    a. número de identificación del empleador (EIN)
    b. declaración de nombre ficticio (DBA)
    c. número del proveedor
    d. permiso de impuesto sobre las ventas ____

33. ¿Cuál de las siguientes opciones necesita un establecimiento que vende productos?
    a. número del proveedor
    b. licencia para masajes
    c. número de identificación del empleador (EIN)
    d. permiso de impuesto sobre las ventas ____

34. Un número de identificación que se da a los proveedores de servicios de salud con licencia se llama:
    a. número de identificación del empleador (EIN)
    b. número del proveedor
    c. declaración de nombre ficticio (DBA)
    d. ninguna respuesta ____

35. ¿Qué tipo de seguro también se conoce como seguro por mala praxis?
    a. de responsabilidad profesional
    b. por discapacidad
    c. de responsabilidad
    d. de propiedad ____

36. ¿Qué tipo de seguro cubre los costos médicos de los empleados que sufran lesiones laborales?
    a. de responsabilidad profesional
    b. de salud
    c. de arrendatario
    d. por accidentes de trabajo ____

37. ¿Cuál de las siguientes opciones *no* refleja un comportamiento ético por parte de un masajista?
    a. mantener buenos hábitos de higiene y salud
    b. cobrar un precio justo por los servicios
    c. recomendar un número máximo de tratamientos
    d. mantener registros precisos de los clientes ____

38. ¿Cuál de las siguientes opciones es un ejemplo de ingresos no gravables?
    a. ventas fuera del estado
    b. transporte
    c. ventas mayoristas
    d. todas las respuestas ____

39. ¿Cuál de las siguientes opciones *no* es una categoría de gastos para el libro principal de desembolsos?
    a. donaciones a obras de caridad
    b. gastos del automóvil
    c. remuneración del empresario
    d. primas de seguros ____

40. Por motivos tributarios, el propietario del negocio debe conservar todos los recibos al menos __________ años.
    a. 3
    b. 5
    c. 7
    d. indefinidamente ____

41. Un registro del dinero adeudado por otras personas o empresas se llama:
    a. libro principal de desembolsos
    b. cuentas por cobrar
    c. estado de resultados
    d. cuentas por pagar ____

42. Cada viaje comercial en un automóvil debe registrarse en un(a):
    a. estado de resultados
    b. registro de activos y depreciación
    c. agenda
    d. registro de millaje ____

43. La actividad de marketing que se hace a cambio de un pago directo es:
    a. publicidad
    b. promoción
    c. publicidad y promoción
    d. ni publicidad ni promoción ____

44. Las dos fuentes principales de referencias son los clientes actuales y:
    a. los clientes anteriores
    b. otros profesionales de la salud
    c. la publicidad
    d. ex empleados ____

45. Todas las siguientes opciones son parte del sistema para llevar registros contables *excepto*:
    a. caja chica
    b. inventario
    c. préstamos comerciales
    d. archivos de clientes ____

APÉNDICE I: FARMACOLOGÍA ELEMENTAL PARA MASAJISTAS

OPCIÓN MÚLTIPLE

1. En el formulario de ingreso, ¿qué información sobre el uso de medicamentos debe brindar el cliente?
   a. frecuencia
   b. duración
   c. dosis
   d. todas las respuestas ____

2. ¿Cuál de las siguientes opciones hacen todos los medicamentos?
   a. curan enfermedades
   b. provocan cambios celulares
   c. son derivados de las plantas
   d. afectan todo el cuerpo ____

3. Los medicamentos con efectos limitados a un área o parte del cuerpo se consideran:
   a. locales
   b. sistémicos
   c. locales y sistémicos
   d. ni locales ni sistémicos ____

4. La población geriátrica metaboliza y excreta los medicamentos ____________ que los adultos jóvenes.
   a. mucho más rápido
   b. a la misma velocidad
   c. mucho más lento
   d. ninguna respuesta ____

5. La mayoría de los fármacos son eliminados a través de:
   a. la piel
   b. el intestino grueso
   c. el hígado
   d. los riñones ____

6. ¿Cómo afecta el peso corporal a la administración de un fármaco?
   a. Los pacientes de mayor peso necesitan dosis más bajas.
   b. Los pacientes de mayor peso necesitan dosis más altas.
   c. Los pacientes más delgados tienen más efectos secundarios adversos.
   d. No se ha estudiado los efectos farmacológicos en adultos de mayor peso.

7. La letra inicial del nombre ____________ del fármaco nunca va en mayúscula.
   a. comercial
   b. genérico
   c. químico
   d. científico ____

8. El nombre "atractivo" o ____________ de un fármaco es uno fácil de recordar para el público en general.
   a. comercial
   b. genérico
   c. químico
   d. científico ____

9. Las empresas farmacéuticas pierden los derechos exclusivos a las drogas patentadas ¿después de cuántos años?
   a. 5
   b. 8
   c. 15
   d. 17 ____

10. Un fármaco para reducir el dolor es un:
   a. analgésico
   b. antiemético
   c. antiinflamatorio
   d. antipirético ____

11. ¿Qué medicamento para la piel es de uso tópico y se emplea para aliviar o proteger la piel?
   a. antiprurítico
   b. demulcente
   c. corticosteroide
   d. queratolítico ____

12. Todos los siguientes son ejemplos de antimicóticos *excepto*:
   a. Lamisil
   b. Tinactin
   c. Lotrimin
   d. Lindane ____

13. ¿Cuál de los siguientes es un ejemplo de un antibacteriano?
   a. Cortaid
   b. Erygel
   c. Zovirax
   d. Monistat ____

14. Las drogas antinflamatorias no esteroidales (NSAID) actúan inhibiendo la síntesis de:
   a. inmunodilatadores
   b. prostaglandinas
   c. corticosteroides
   d. histaminas ____

15. ¿Con qué clase de medicación debe tratarse la espondilitis?
   a. agentes para la gota
   b. drogas antinflamatorias no esteroidales
   c. antiácidos
   d. corticosteroides ____

16. ¿Qué tipo de medicación neutraliza el ácido hidroclórico gástrico?
   a. antiácidos
   b. bloqueadores de H2
   c. inhibidores de la bomba de protón
   d. todas las respuestas ____

17. ¿Cuál de los siguientes es un antiemético?
   a. Colace
   b. Levsin
   c. Lomotil
   d. Zofran ____

18. Los fármacos que ayudan a disgregar el gas del tracto gastrointestinal se denominan:
   a. antieméticos
   b. antiflatulentos
   c. anticolinérgicos
   d. catárticos ____

19. Los medicamentos que se utilizan para tratar las náuseas, los vómitos y la quinetosis (mareo por movimiento) se denominan:
   a. anticolinérgicos
   b. antiácidos
   c. catárticos
   d. antieméticos ____

20. Los tres tipos de broncodilatadores incluyen todos los siguientes *excepto*:
   a. adrenérgicos
   b. colinérgicos
   c. anticolinérgicos
   d. derivados de la xantina ____

21. ¿Cuál de los siguientes es un broncodilatador?
   a. Albuterol
   b. Codeína
   c. Cromolyn
   d. Flovent ____

22. ¿Zyrtec es un ejemplo de qué tipo de medicación?
   a. decongestivos
   b. mucolíticos
   c. antihistamínicos
   d. corticosteroides ____

23. ¿Qué medicamentos se utilizan mayormente en el tratamiento de la insuficiencia cardíaca congestiva, en la cual el corazón deja de bombear adecuadamente?
   a. antiarrítmicos
   b. bloqueadores de canales de calcio
   c. glucósidos cardíacos
   d. antihipertensivos ____

24. Tekturna HCT actúa sobre la enzima ____________, que puede contribuir a una presión arterial alta.
   a. diurética
   b. prostaglandina
   c. xantina
   d. renina ____

25. ¿La hipercalemia es un efecto secundario de qué tipo de medicación?
   a. bloqueadores de receptores de angiotensina
   b. inhibidores de ACE
   c. antihipertensivos
   d. glucósidos cardíacos ____

26. ¿La heparina es un ejemplo de qué tipo de medicación?
   a. inhibidores de plaquetas
   b. antitrombolíticos
   c. antilipémicos
   d. antiarrítmicos ____

27. El diurético que se utiliza más comúnmente es el:
   a. del asa
   b. tiacida
   c. osmótico
   d. conservador de potasio ____

28. ¿Los bloqueadores alfa, como Flomax, se utilizan para tratar cuál de las siguientes afecciones?
   a. hipertrofia benigna de la próstata
   b. hepatitis
   c. gota
   d. angina de pecho ____

29. Los medicamentos __________ detienen el crecimiento y la propagación de las células malignas.
   a. osmóticos
   b. tumorigénicos
   c. antineoplásticos
   d. endocrinos ____

30. ¿Qué fármaco antineoplásico proviene de la corteza del tejo del Pacífico?
   a. fármacos alquilantes
   b. modificadores de la respuesta biológica
   c. antimetabolitos
   d. placlitaxel ____

31. Las progesteronas de fabricación sintética se llaman:
   a. estrógenos
   b. progestinas
   c. andrógenos
   d. cuerpos lúteos ____

32. Los efectos secundarios del medicamento para la fertilidad Clomid incluyen todos los siguientes *excepto*:
   a. insomnio
   b. quistes ováricos
   c. náuseas
   d. embarazos múltiples ____

33. ¿Amikin, Garamycin y Nebcin son ejemplos de qué tipo de medicamento antiinfeccioso?
   a. cefalosporinas
   b. quinolonas
   c. tetraciclinas
   d. aminoglucósidos ____

34. ¿La anorexia es un efecto secundario de qué tipo de medicamento antiinfeccioso?
   a. penicilinas
   b. macrólidos
   c. sulfonamidas
   d. aminoglucósidos ____

35. ¿Rifadin es un ejemplo de qué tipo de fármaco?
   a. antituberculosis
   b. antiviral
   c. para la fertilidad
   d. antimicótico ____

36. ¿Qué medicamento antiviral se utiliza para tratar la varicela?
   a. inhibidor de la neuraminidasa
   b. acyclovir
   c. interferón
   d. ribavirin ____

37. Los inhibidores de proteasa, los inhibidores nucleósidos de transcriptasa inversa y los inhibidores no-nucleósidos de transcriptasa inversa son ejemplos de:

a. antivirales
b. analgésicos
c. antirretrovirales
d. fármacos antiurinarios ____

38. ¿Cuáles medicamentos mejoran el efecto analgésico cuando se utilizan junto con opiáceos y no opiáceos?

a. antivirales
b. adyuvantes
c. barbitúricos
d. hipnóticos ____

39. Lunesta, Ambien y Sonata son ejemplos del siguiente tipo de medicamento

a. antidepresivos
b. analgésicos
c. barbitúricos
d. no barbitúricos ____

40. ¿Qué medicamentos, también denominados neurolépticos, son tranquilizantes importantes?

a. ansiolíticos
b. anticonvulsivos
c. medicamentos anticolinérgicos
d. medicamentos antipsicóticos ____

41. Los medicamentos para tratar el Alzheimer incluyen todos los siguientes *excepto*:

a. Eldepryl
b. Cognex
c. Aricept
d. Exelon ____

42. ____________ es el sistema de recomendaciones nutricionales del *Institute of Medicine of the United States National Academy of Sciences.*

a. Asignación dietética recomendada (RDA)
b. Consumo alimenticio de referencia (DRI)
c. RDA y DRI
d. ni RDA ni DRI ____

43. En muchos países europeos, la medicina herbal, denominada ____________, se considera convencional.

a. botánica
b. pharmacopeia
c. fitoterapia
d. farmacognosia ____

Parte 1: Historia y evolución del masaje terapéutico

CAPÍTULO 1: DESCRIPCIÓN HISTÓRICA DEL MASAJE

1. c	11. b	21. a	31. c	41. c
2. a	12. a	22. d	32. a	42. b
3. b	13. c	23. b	33. d	43. d
4. b	14. c	24. d	34. b	44. a
5. d	15. b	25. a	35. d	45. a
6. d	16. c	26. a	36. c	
7. a	17. a	27. b	37. a	
8. c	18. b	28. a	38. d	
9. a	19. a	29. b	39. c	
10. b	20. c	30. b	40. a	

CAPÍTULO 2: REQUISITOS PARA LA PRÁCTICA DEL MASAJE TERAPÉUTICO

1. b	8. d	15. c	22. b
2. a	9. a	16. d	23. b
3. b	10. c	17. d	24. d
4. c	11. c	18. b	25. d
5. d	12. d	19. b	26. b
6. c	13. d	20. b	27. c
7. b	14. b	21. c	

CAPÍTULO 3: ÉTICA PROFESIONAL PARA MASAJISTAS

1. b	11. d	21. d	31. a	41. c
2. d	12. b	22. a	32. d	42. b
3. a	13. c	23. a	33. b	43. c
4. c	14. b	24. a	34. b	44. b
5. b	15. b	25. c	35. d	45. d
6. d	16. a	26. a	36. b	46. c
7. c	17. c	27. d	37. b	47. c
8. a	18. b	28. d	38. d	48. d
9. d	19. b	29. d	39. a	49. a
10. b	20. b	30. a	40. b	50. b

Parte 2: Anatomía y fisiología humanas

CAPÍTULO 4: DESCRIPCIÓN GENERAL

1. a
2. d
3. b
4. c
5. b
6. a
7. b
8. b
9. b
10. c
11. a
12. c
13. d
14. a
15. d
16. a
17. c
18. a
19. c
20. b
21. c
22. b
23. d
24. a
25. c
26. c
27. b
28. b
29. a
30. c
31. b
32. c
33. b
34. b
35. a
36. c
37. b
38. d
39. a
40. a
41. b
42. d
43. d

CAPÍTULO 5: ANATOMÍA Y FISIOLOGÍA HUMANAS

1. c
2. d
3. a
4. d
5. b
6. a
7. c
8. a
9. d
10. b
11. b
12. a
13. b
14. d
15. b
16. a
17. b
18. b
19. a
20. d
21. c
22. c
23. b
24. c
25. d
26. d
27. a
28. c
29. c
30. b
31. c
32. b
33. c
34. a
35. b
36. c
37. d
38. b
39. b
40. c
41. a
42. a
43. b
44. c
45. b
46. d
47. a
48. c
49. b
50. a
51. b
52. b
53. a
54. d
55. c
56. d
57. b
58. b
59. b
60. b
61. c
62. b
63. d
64. c
65. a
66. b
67. b
68. d
69. c
70. a
71. b
72. c
73. d
74. b
75. b
76. c
77. d
78. b
79. c
80. a
81. b
82. b
83. c
84. b
85. a
86. c
87. d
88. b
89. c
90. b
91. a
92. b
93. d
94. b
95. b
96. c
97. d
98. d
99. c
100. c
101. d
102. c
103. a
104. b
105. b
106. b
107. c
108. c
109. d
110. b
111. c
112. b
113. a
114. c
115. a
116. a
117. b
118. a
119. d
120. b
121. c
122. b
123. c

Parte 3: Práctica del masaje

CAPÍTULO 6: EFECTOS, BENEFICIOS, INDICACIONES Y CONTRAINDICACIONES DEL MASAJE

1. c	11. c	21. c	31. c	41. b
2. d	12. d	22. b	32. c	42. b
3. c	13. a	23. a	33. c	43. b
4. d	14. b	24. c	34. b	44. b
5. b	15. a	25. c	35. a	45. d
6. c	16. c	26. b	36. b	46. a
7. d	17. c	27. d	37. c	47. d
8. d	18. d	28. b	38. d	48. b
9. c	19. b	29. c	39. b	49. c
10. b	20. d	30. a	40. c	

CAPÍTULO 7: EQUIPOS Y PRODUCTOS

1. b	11. a	21. d	31. a	41. b
2. d	12. a	22. b	32. c	42. b
3. b	13. c	23. c	33. b	43. b
4. b	14. a	24. b	34. d	44. c
5. a	15. d	25. c	35. a	45. a
6. c	16. d	26. d	36. c	
7. a	17. a	27. d	37. c	
8. d	18. b	28. c	38. b	
9. d	19. d	29. d	39. a	
10. b	20. a	30. b	40. c	

CAPÍTULO 8: PRÁCTICAS DE HIGIENE Y SEGURIDAD

1. c	11. d	21. d	31. b	41. d
2. a	12. d	22. b	32. d	42. b
3. b	13. b	23. b	33. b	43. a
4. d	14. b	24. b	34. c	
5. d	15. d	25. b	35. d	
6. c	16. b	26. a	36. a	
7. b	17. a	27. b	37. c	
8. c	18. a	28. d	38. a	
9. d	19. a	29. c	39. b	
10. c	20. d	30. c	40. b	

CAPÍTULO 9: CONSULTA Y DOCUMENTACIÓN

1. a	11. d	21. c	31. c	41. d
2. b	12. a	22. b	32. d	42. b
3. c	13. c	23. b	33. c	43. b
4. d	14. d	24. b	34. b	44. d
5. d	15. b	25. c	35. a	45. a
6. b	16. a	26. a	36. c	
7. a	17. c	27. d	37. d	
8. c	18. d	28. d	38. b	
9. d	19. c	29. b	39. d	
10. b	20. d	30. d	40. c	

CAPÍTULO 10: MOVIMIENTOS CLÁSICOS DE MASAJE

1. b	11. b	21. d	31. b	41. c
2. c	12. d	22. d	32. a	42. b
3. a	13. d	23. a	33. b	43. c
4. c	14. b	24. c	34. c	44. a
5. c	15. c	25. d	35. b	45. c
6. c	16. d	26. a	36. b	46. a
7. c	17. b	27. c	37. b	47. b
8. b	18. d	28. b	38. d	48. d
9. a	19. b	29. c	39. c	49. c
10. c	20. d	30. a	40. d	

CAPÍTULO 11: APLICACIÓN DE LA TÉCNICA DE MASAJE

1. c	11. a	21. d	31. b	41. c
2. d	12. a	22. d	32. b	42. d
3. a	13. c	23. a	33. c	
4. d	14. a	24. d	34. c	
5. d	15. d	25. a	35. d	
6. b	16. d	26. a	36. b	
7. a	17. c	27. c	37. c	
8. c	18. c	28. b	38. b	
9. b	19. c	29. d	39. c	
10. d	20. b	30. d	40. a	

CAPÍTULO 12: PROCEDIMIENTOS PARA DAR UN MASAJE CORPORAL COMPLETO

1. d	8. b	15. c	22. d	29. c
2. c	9. d	16. b	23. c	30. c
3. b	10. b	17. d	24. d	31. c
4. b	11. d	18. b	25. b	32. b
5. b	12. a	19. c	26. a	33. b
6. a	13. c	20. d	27. b	
7. c	14. d	21. b	28. c	

CAPÍTULO 13: HIDROTERAPIA

1. b
2. a
3. c
4. c
5. c
6. b
7. c
8. b
9. b
10. c
11. d
12. d
13. b
14. c
15. a
16. b
17. b
18. b
19. d
20. d
21. a
22. c
23. b
24. a
25. c
26. c
27. b
28. a
29. c
30. d
31. b
32. c
33. d
34. a
35. b
36. b
37. b
38. c
39. b
40. c
41. b
42. c
43. c
44. b

CAPÍTULO 14: EL MASAJE EN EL ENTORNO DEL SPA

1. b
2. d
3. b
4. d
5. d
6. c
7. a
8. c
9. b
10. c
11. a
12. c
13. b
14. d
15. d
16. b
17. c
18. a
19. b
20. d
21. b
22. a
23. b
24. d
25. b
26. d
27. b
28. a
29. b
30. c
31. d
32. b
33. c
34. b
35. c
36. d
37. c
38. b
39. b
40. d
41. a
42. c
43. d
44. a
45. a
46. a
47. c
48. a
49. b
50. b
51. a
52. b
53. c
54. a
55. d
56. b
57. b
58. a
59. d

CAPÍTULO 15: TÉCNICAS DE MASAJE CLÍNICO

1. b
2. c
3. a
4. a
5. d
6. b
7. a
8. d
9. c
10. d
11. c
12. d
13. c
14. a
15. b
16. b
17. b
18. d
19. b
20. a
21. d
22. c
23. a
24. d
25. b
26. d
27. b
28. d
29. d
30. a
31. d
32. a
33. c
34. b
35. d
36. c
37. b
38. b
39. d
40. a
41. c
42. b
43. d
44. a
45. c
46. b
47. a
48. d
49. b
50. d
51. c
52. b
53. a
54. c
55. c
56. d
57. d
58. b
59. a
60. c
61. b

CAPÍTULO 16: MASAJE LINFÁTICO

1. b	11. a	21. c	31. c	41. c
2. b	12. c	22. c	32. d	42. c
3. a	13. c	23. b	33. d	
4. c	14. d	24. d	34. a	
5. a	15. a	25. b	35. c	
6. d	16. c	26. a	36. b	
7. d	17. d	27. c	37. a	
8. b	18. b	28. d	38. b	
9. b	19. c	29. a	39. a	
10. a	20. a	30. b	40. b	

CAPÍTULO 17: PROCEDIMIENTO TERAPÉUTICO

1. d	14. c	27. d	40. b	53. a
2. b	15. d	28. c	41. c	54. a
3. d	16. b	29. b	42. d	55. b
4. d	17. c	30. d	43. a	56. d
5. c	18. d	31. a	44. b	57. b
6. d	19. a	32. a	45. a	58. c
7. b	20. d	33. b	46. a	59. c
8. a	21. c	34. b	47. c	60. b
9. b	22. b	35. a	48. c	
10. d	23. d	36. c	49. b	
11. b	24. c	37. d	50. d	
12. b	25. b	38. d	51. d	
13. a	26. a	39. a	52. b	

CAPÍTULO 18: MASAJE DEPORTIVO Y ATLÉTICO

1. b	13. a	25. b	37. c	49. a
2. a	14. b	26. a	38. c	50. b
3. d	15. d	27. c	39. b	51. b
4. d	16. a	28. a	40. c	52. d
5. b	17. c	29. c	41. a	
6. c	18. c	30. b	42. d	
7. c	19. b	31. b	43. a	
8. d	20. a	32. a	44. d	
9. b	21. b	33. c	45. b	
10. b	22. c	34. b	46. b	
11. d	23. a	35. d	47. a	
12. d	24. d	36. b	48. c	

CAPÍTULO 19: MASAJES PARA GRUPOS ESPECIALES

1. b
2. a
3. c
4. c
5. c
6. d
7. c
8. c
9. d
10. c
11. b
12. c
13. b
14. d
15. a
16. d
17. b
18. c
19. a
20. b
21. b
22. c
23. d
24. a
25. a
26. c
27. d
28. b
29. b
30. b
31. c
32. b
33. a
34. b
35. b
36. d
37. c
38. c
39. d
40. d
41. d
42. d
43. c
44. b
45. d
46. d
47. c
48. a
49. b
50. b
51. c
52. c
53. d
54. d
55. b
56. c
57. c

CAPÍTULO 20: EL MASAJE EN LA MEDICINA

1. b
2. c
3. a
4. d
5. b
6. d
7. b
8. c
9. a
10. b
11. b
12. d
13. a
14. b
15. c
16. d
17. c
18. d
19. c
20. b
21. d
22. d
23. b
24. d
25. d
26. a
27. c
28. b
29. d
30. d
31. d
32. b
33. a
34. a
35. c
36. d
37. b
38. b
39. d
40. a
41. b
42. a
43. c
44. a

CAPÍTULO 21: OTRAS TERAPIAS SOMÁTICAS

1. b
2. b
3. c
4. a
5. d
6. c
7. c
8. b
9. c
10. a
11. d
12. c
13. b
14. b
15. c
16. c
17. c
18. b
19. a
20. d
21. b
22. c
23. b
24. d
25. a
26. b
27. a
28. d
29. b
30. c
31. c
32. b
33. c
34. b
35. d
36. d
37. a
38. d
39. d
40. c
41. b
42. c
43. a
44. b

CAPÍTULO 22: PRÁCTICAS COMERCIALES

1. d	11. c	21. d	31. c	41. b
2. b	12. b	22. c	32. a	42. d
3. a	13. b	23. c	33. d	43. a
4. a	14. d	24. a	34. b	44. b
5. d	15. d	25. b	35. a	45. c
6. c	16. c	26. c	36. d	
7. a	17. a	27. d	37. c	
8. d	18. a	28. b	38. d	
9. a	19. c	29. a	39. c	
10. c	20. b	30. d	40. c	

APÉNDICE I: FARMACOLOGÍA ELEMENTAL PARA MASAJISTAS

1. d	11. b	21. a	31. b	41. a
2. b	12. d	22. c	32. b	42. b
3. a	13. b	23. c	33. d	43. c
4. c	14. b	24. d	34. b	
5. d	15. b	25. b	35. a	
6. b	16. a	26. b	36. b	
7. b	17. d	27. b	37. c	
8. a	18. b	28. a	38. b	
9. d	19. d	29. c	39. d	
10. a	20. b	30. d	40. d	

Made in the USA
Monee, IL
05 November 2026

67806912R00095